Überblick

I. Begriff

Strafprozess = staatlich geordnetes Verfahren, in dem über das Vorliegen einer Straftat zu entscheiden ist und ggf. eine strafrechtliche Sanktion festgesetzt wird.

II. Gesetzliche Grundlagen

StPO	GVG	JGG	StGB	GG
Allgemeines Verfahrensrecht	Zuständigkeit und Aufbau der Gerichte/StA	Materielles und formelles Jugendstrafrecht	Verfahrensvoraussetzungen, Verfolgungshindernisse (z.B. §§ 77 ff., 78 ff.)	Verfassungsrechtliche Grundlagen (Art. 20 III, 96 ff., 101 ff.)

ZPO	MRK	
Zustellungen, § 37 StPO i.V.m. §§ 166 ff.	Rechtsstaatliche Garantien, Art. 5, 6	Richtlinien für das Straf- und Bußgeldverfahren **(RiStBV)** / Anordnung über Mitteilung in Strafsachen **(MiStra)** als interne Verwaltungsanordnungen

Inhaltsverzeichnis

Beispiel · Definition · Hinweis/Beachte · Merke · Streit · Struktur/Prüfungsaufbau

Gliederung des Strafverfahrens

I. Erkenntnisverfahren

Abschnitt	Voraus-setzungen	Verfahrens-herrschaft	Bezeichnung des Verdächtigen	Verfahrens-abschluss
1. Ermittlungs-verfahren, §§ 160–177 StPO ⇩	Anfangsverdacht, § 160 I StPO	StA, § 152 II StPO	Beschuldigter	Hinreichender Tatverdacht? (–): Einstellung, § 170 II StPO (+): Anklageerhebung, § 170 I StPO ⇨
2. Zwischen-verfahren, §§ 199–211 StPO ⇩	Eingang der Anklageschrift bei Gericht	Gericht, § 199 StPO	Angeschuldigter, § 157 StPO	Hinreichender Tatverdacht? (–): Ablehnungsbeschluss, § 204 StPO (+): Eröffnungsbeschluss, §§ 203, 207 StPO ⇨
3. Haupt-verfahren, §§ 213–295 StPO ⇩	Wirksame Eröffnung des Hauptverfahrens	Zuständiges Gericht	Angeklagter, § 157 StPO	Sachurteil, § 260 StPO: Zweifelsfreie Schuld? (–): Freispruch (+): Verurteilung ⇨ Prozessurteil, § 260 III StPO, bei Verfahrenseinstellung

(Ggf. Rechtsmittelverfahren, §§ 296–358 StPO)

⇩

II. Vollstreckungsverfahren

§§ 449–463d StPO (Vollstreckungsbehörde ist die StA, § 451 StPO)

Instanzenzug

Sachliche Zuständigkeit nach Straferwartung:	Nur Vergehen bis 2 Jahre Haft	Vergehen und Verbrechen bis 4 Jahre Haft	4 Jahre Haft bis lebenslänglich / Delikte nach §§ 74 II, 74a GVG / Unterbringung	Bei Staatsschutzdelikten und Taten nach dem VStGB
1. Eingangsinstanz	**Amtsgericht**, §§ 24 ff. GVG **Strafrichter**, § 25 GVG	**Amtsgericht**, §§ 24 ff. GVG **Schöffengericht**, §§ 28, 29 GVG ▪ 1 Berufs- und 2 Laienrichter ▪ Zusätzlicher Berufsrichter bei Erweiterung, § 29 II GVG	**Landgericht**, §§ 74 ff. GVG ▪ Große Strafkammer mit 3 (2) Berufs- und 2 Laienrichtern, § 76 I–IV GVG	**OLG**, § 120 GVG ▪ Strafsenat mit 5 (3) Berufsrichtern, § 122 GVG
2. Berufung, § 312 StPO	**Landgericht**, § 74 III GVG ▪ Kleine Strafkammer: 1 (2) Berufsrichter und 2 Laienrichter (= Schöffen), § 76 I, VI GVG	Sprungrevision, § 335 StPO		
3. Revision, § 333 StPO	**Oberlandesgericht**, § 121 GVG ▪ Strafsenat mit 3 Berufsrichtern, § 122 GVG		**Bundesgerichtshof**, § 135 GVG ▪ Strafsenat mit 5 Berufsrichtern, § 139 I GVG	

Verfahrensgrundsätze (1)

Die Verfahrensgrundsätze, sog. Prozessmaximen, sind die Grundlagen des Strafverfahrens:

I. Offizialprinzip

➲ **Die Strafverfolgung obliegt grds. dem Staat und nicht dem einzelnen Bürger.**

- **Durchbrechung:** Privatklagedelikte, §§ 374 ff. StPO

  ⚠ Rückausnahme: öffentliches Interesse an der Strafverfolgung, § 376 StPO
- **Einschränkungen:** Antrags- und Ermächtigungsdelikte; Nebenklage gem. §§ 395 ff. StPO

  ⚠ Rückausnahme: besonderes öffentliches Interesse an der Strafverfolgung bei relativen Antragsdelikten (z.B. § 248a StGB)

II. Akkusationsprinzip

➲ **Das gerichtliche Strafverfahren ist nur durch die Erhebung einer wirksamen Anklage möglich, § 151 StPO** („Wo kein Kläger, da kein Richter!").

- Das **Anklagemonopol** hat die StA, § 152 I StPO (Ausn.: Privatklageverfahren, s.o.).
- **Begrenzung des Prozessgegenstands** auf die angeklagte prozessuale Tat i.S.d. § 264 I StPO (⇨ 🗗 72) und die in der Anklage beschuldigten Personen. Konsequenzen:
  - Will das Gericht von der Anklage abweichen (z.B. andere materiell-rechtliche Bewertung), ist ein **rechtlicher Hinweis** erforderlich, **§ 265 StPO**.
  - Will das Gericht eine weitere, neue prozessuale Tat einbeziehen, muss diese zunächst angeklagt werden: durch **Nachtragsanklage** der StA und mit Zustimmung des Angeklagten, **§ 266 StPO**, oder durch Erhebung einer weiteren Anklage, die nach Durchführung des Zwischenverfahrens später vom Gericht hinzuverbunden wird.

Verfahrensgrundsätze (2)

III. Legalitätsprinzip

➲ **Die Strafverfolgungsorgane sind verpflichtet, bei Anfangsverdacht ein Ermittlungsverfahren durchzuführen, § 160 StPO, und bei hinreichendem Tatverdacht Anklage zu erheben, § 170 I StPO.**

Anfangsverdacht:

➲ Zureichende tatsächliche Anhaltspunkte lassen nach kriminalistischer Erfahrung das Vorliegen einer Straftat als möglich erscheinen.

Hinreichender Tatverdacht:

➲ Am Ende einer gedachten Hauptverhandlung ist eine Verurteilung wahrscheinlicher als ein Freispruch.

- **Absicherung:**
  - Materiell-rechtlich durch die Strafandrohung der §§ 258a, 339 StGB
  - Verfahrensrechtlich durch das Klageerzwingungsverfahren, § 172 StPO
- Ob die **StA bei umstr. Rechtsfragen an höchstrichterliche Rspr. gebunden** ist und damit ggf. eine Pflicht zur Anklageerhebung hat, ist umstritten.

  ⚠ Nach h.M. gilt das Legalitätsprinzip auch bei privater Kenntniserlangung durch Polizei/StA, aber nur bzgl. Delikten, die Belange der Öffentlichkeit besonders berühren (insb. Katalogtat i.S.v. § 138 StGB).
- **Einschränkungen:** Bei Einstellungen nach §§ 153 ff. StPO, §§ 45, 47 JGG und bei Privatklagedelikten, §§ 374, 376 StPO, gilt das **Opportunitätsprinzip**.

Verfahrensgrundsätze (3)

IV. Untersuchungsgrundsatz (= Ermittlungsgrundsatz)

➲ **Verpflichtung der Strafverfolgungsorgane, von Amts wegen die Wahrheit zu erforschen und den Sachverhalt aufzuklären, §§ 155 II, 160 II, 244 II StPO.**

- Die StA muss ihre **Ermittlungen** auch auf den Beschuldigten **entlastende Umstände** erstrecken, § 160 II StPO.
- Das Gericht ist **zur selbstständigen Aufklärung** berechtigt und **verpflichtet**; es ist insoweit nicht an die Beweisanträge von Verfahrensbeteiligten gebunden, § 244 II StPO.
- Auch ein **Geständnis** des Angeklagten **bindet das Gericht nicht**; dies gilt selbst dann, wenn das Geständnis Gegenstand einer zulässigen Prozessabsprache (⇨ 🗗 64, 65) ist.

V. Beschleunigungsgrundsatz

➲ **Strafverfahren sind innerhalb einer angemessenen Frist durchzuführen, Art. 6 I MRK, Art. 20 III GG.**

- Die gesamte Hauptverhandlung soll zur Beschleunigung möglichst in einem Zug durchgeführt werden, §§ 228, 229 StPO **(„Konzentrationsmaxime")**.
- Im Falle der Anordnung von U-Haft (⇨ 🗗 42, 43) gegen den Beschuldigten gilt das Beschleunigungsgebot wegen der damit einhergehenden Belastungen in besonderem Maße, vgl. Art. 5 III MRK.
- **Gesetzliche Ausprägung:**
  - Unverzügliches Einschalten der StA bei erstem Zugriff durch Polizei, § 163 II StPO
  - Möglichkeit des beschleunigten Verfahrens (§§ 417 ff. StPO) und des Strafbefehlsverfahrens (§§ 407 ff. StPO) zur schnellen Ahndung

Verfahrensgrundsätze (4)

V. Beschleunigungsgrundsatz (Fortsetzung)

- **Konsequenzen einer unverhältnismäßigen Verfahrensverzögerung, die den Justizbehörden zuzurechnen ist:**
  - Die Verletzung des Beschleunigungsgebots durch eine **überlange Verfahrensdauer** ist nach der Rspr. im Urteil als Konventionsverstoß zu benennen und u.U. bei der Strafvollstreckung analog § 51 I 1 StGB zu kompensieren (ein Teil der Strafe kann bereits im Urteilstenor als vollstreckt erklärt werden, sog. Vollstreckungslösung). In außergewöhnlichen Einzelfällen kann ein von Amts wegen zu berücksichtigendes **Verfahrenshindernis** (⇨ 48) vorliegen.
  - Bei erheblicher Verletzung ist ggf. auch die Anordnung der **U-Haft** – selbst bei weiterhin bestehendem dringenden Tatverdacht – wegen Unverhältnismäßigkeit **aufzuheben**.

VI. Öffentlichkeitsgrundsatz

➲ **Es muss jedem möglich sein, an den Gerichtsverhandlungen als Zuhörer/Zuschauer teilzunehmen, § 169 S. 1 GVG (= Kontrollfunktion!).**

- **Konkretisierung:** Erforderlich ist stets ein Hinweis auf Ort und Zeit der Verhandlung (z.B. durch Aushang).
- **Ausschluss der Öffentlichkeit** nur in speziellen Verfahrenssituationen (§§ 171a–172 GVG) oder ggü. einzelnen Personen wegen ungebührlichen Verhaltens (§§ 175 I, 177 GVG), im Jugendstrafverfahren (§ 48 JGG).

  ⚠ Fernseh-, Rundfunk-, Ton- und Filmaufnahmen für die öffentliche Wiedergabe sind während der HV generell unzulässig (§ 169 I 2 GVG); dies gilt nicht für Verhandlungspausen außerhalb des Sitzungssaals.
- **Schranken:**
  - **Tatsächliche:** Kapazität des Sitzungssaals; bei Platzmangel gilt das Prioritätsprinzip. Allerdings ist eine Platzreservierung in geringem Umfang für Pressevertreter wegen Art. 5 I 2 GG zulässig.

Verfahrensgrundsätze (5)

VI. Öffentlichkeitsgrundsatz (Fortsetzung)

- **Rechtliche:** Privates Hausrecht bei der Inaugenscheinnahme außerhalb des Sitzungssaals (z.B. bei gerichtlicher Wohnungsbesichtigung)
- **Ordnungspolizeiliche:** Verhältnismäßige Sicherheitsmaßnahmen, wie Ausweiskontrolle und Taschendurchsuchung vor Betreten des Sitzungssaals, sind zulässig.

- **Revision:** Die Verletzung des Grundsatzes der Öffentlichkeit ist ein absoluter Revisionsgrund (§ 338 Nr. 6 StPO). **Ausn.:** Die Verletzung beruht nicht auf dem Verschulden des Gerichts.
  Justizwachtmeister schließt eigenmächtig den Sitzungssaal ab.

VII. Mündlichkeitsgrundsatz

➲ **Nur der in der HV mündlich vorgetragene und erörterte Prozessstoff darf dem Urteil zugrunde gelegt werden (§ 261 StPO).**

- **Konkretisierungen:**
  - Selbst allen Verfahrensbeteiligten bekannter Akteninhalt muss in die Verhandlung eingeführt werden.
  - Urkunden bedürfen grds. der Verlesung, § 249 I StPO; Ausnahme: Selbstleseverfahren gem. § 249 II StPO.
  - Der Angeklagte hat seine Einlassung grds. mündlich abzugeben, vgl. auch §§ 243 V 2, 136 II StPO; einen Anspruch auf die unmittelbare Berücksichtigung schriftlicher Erklärungen hat er nicht.
  - Der Angeklagte hat das Recht, zu allen für die Urteilsfindung bedeutsamen Punkten Stellung zu nehmen, §§ 240 II, 257 I StPO.
- **Einschränkungen:**
  - Der Mündlichkeitsgrundsatz gilt nur für den Strengbeweis, nicht für den Freibeweis (⇨ 50).
  - Schriftliches Strafbefehlsverfahren gem. §§ 407 ff. StPO

Verfahrensgrundsätze (6)

VIII. Unmittelbarkeitsgrundsatz

1. Materielle Unmittelbarkeit

➲ **Das Gericht hat in der Hauptverhandlung grds. das originäre Beweismittel heranzuziehen.**

Ausprägungen:

- **Grundsatz der persönlichen Vernehmung, § 250 S. 1 StPO**
  ⚠ Aber Zulässigkeit der Vernehmung von „nur" mittelbaren Zeugen; denn der **Zeuge vom Hörensagen** (z.B. eine Vernehmungsperson, V-Mann) kann unmittelbar über seine eigene Wahrnehmung vernommen werden. Eine Pflicht, nur das sachnächste Beweismittel zu nutzen, besteht nicht.
- **Vorrang des Personalbeweises vor dem Urkundenbeweis, § 250 S. 2 StPO**

Einschränkungen:

1. **Ersetzung durch Protokollverlesung** einer früheren Vernehmung/schriftliche Erklärung (= Urkundenbeweis) gem. § 251 StPO oder durch **Vorführung einer entsprechenden Bild-Ton-Aufzeichnung** (§ 58a StPO) gem. § 255a I StPO (= Augenscheinsbeweis)
   - **§ 251 StPO:** bei Einverständnis aller Beteiligten, nicht behebbaren Vernehmungshindernissen
     ⚠ Eine Ersetzung nach § 251 StPO ist aber nicht zulässig, wenn der Zeuge von seinem Zeugnisverweigerungsrecht Gebrauch macht, §§ 252, 52 StPO, sofern er dies nicht gestattet.
   - **§ 253 StPO:** zur Gedächtnisunterstützung und Feststellung von Widersprüchen (nach h.M. kann bei fehlender Erinnerung des Zeugen seine Aussage durch Verlesung als Urkundenbeweis eingeführt werden)
   - **§ 254 StPO:** richterliche Vernehmungsprotokolle über Beschuldigtenaussage
   - **§ 256 StPO:** Zeugnisse, Gutachten von Behörden, Sachverständigen, Ärzten

Beweisverbote (12)

IV. Früh/Vorauswirkung von BVV

- Verbieten ausnahmsweise jedwede Nutzung im Ermittlungs- und Strafverfahren
- Stehen einer Nutzung als Spurenansatz für weitere Ermittlungen entgegen
- Insb. bei Kernbereich privater Lebensgestaltung, vgl. § 100d I–IV StPO

Übersicht Beweisverbote

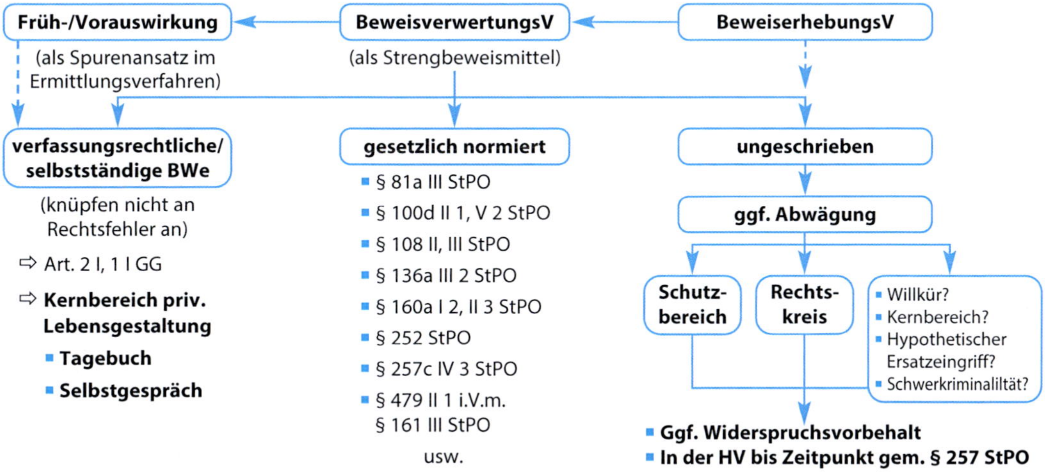

Verfahrensgrundsätze (7)

VIII. Unmittelbarkeitsgrundsatz (Fortsetzung)

1. Materielle Unmittelbarkeit (Fortsetzung)

2. **Der formfreie Vorhalt** ist grds. zulässig; Beweismittel ist allein die auf den Vorhalt hin erfolgte **Aussage** (Vorhalt daher nur „Lockmittel").
3. **Vorführen einer Bild-Ton-Aufzeichnung** unter den Voraussetzungen des § 255a II StPO (= vorverlagerter Teil der Hauptverhandlung)

2. Formelle Unmittelbarkeit

➲ **Eigene Wahrnehmung der Beweise durch das Gericht, § 261 StPO**

Ausprägungen:

- Ununterbrochene Gegenwart der zur Urteilsfindung berufenen Personen, § 226 StPO (Ausnahme: § 223 StPO)
- Die Richter müssen verhandlungs- und erkenntnisfähig sein.

⚠ Die Mitwirkung eines tauben Richters oder der Schlaf eines Richters über einen nicht gänzlich unerheblichen Zeitraum sind ein absoluter Revisionsgrund i.S.d. § 338 Nr. 1 StPO; gleiches gilt für die Mitwirkung eines blinden Richters, wenn es in der HV auf optische Wahrnehmungen ankommt.

Verfahrensgrundsätze (8)

IX. Grundsatz der freien Beweiswürdigung

➲ **Gericht entscheidet über Ergebnis der Beweisaufnahme nach seiner freien Überzeugung (§ 261 StPO).**

Ausprägungen:

- Das Gericht ist **bei der Beweiswürdigung nicht an feststehende Regeln gebunden**.
- Geständnis und Sachverständigengutachten unterliegen der richterlichen Würdigung.
- (Gerichtliche) Entscheidungen aus anderen Rechtsgebieten entfalten keine Bindungswirkung, vgl. § 262 StPO.

  ⚠ Ausnahmen: Entscheidungen mit Wirkung für und gegen alle (z.B. Vaterschaftsfeststellung, § 1600d BGB)/ rechtsgestaltende Entscheidungen (z.B. Ehescheidung)

Einschränkungen der freien Beweiswürdigung:

1. Feststehende Ergebnisse	2. Eingeschränkter Beweiswert	3. Verbot der Berücksichtigung
▪ Gesetze der Logik ▪ Tatsachen, die auf gesicherten wissenschaftlichen Erkenntnissen beruhen 🔍 Unwiderlegbare Vermutung der (absoluten) Kfz-Fahruntüchtigkeit ab 1,1 ‰ BAK ▪ Wahrheitsbeweis bei Beleidigung, § 190 StGB	⚠ Zeuge vom Hörensagen ▪ Aussage des einzigen Belastungszeugen, der in einem wesentlichen Detail bewusst die Unwahrheit sagt ▪ Wiederholte Wahlgegenüberstellung; zweiter Stimmenvergleich ▪ Einzelgegenüberstellung zwecks Identifizierung	▪ Beweisverwertungsverb. (⇨ 🗗 52 ff.) ▪ Rückschlüsse aus prozessual zulässigem Verhalten von Verfahrensbeteiligten 🔍 (Total-)Schweigen des Angeklagten (⇨ 🗗 13), berechtigte Zeugnisverweigerung (§§ 52 ff. StPO) ⚠ Aus der Auskunftsverweigerung (§ 55 StPO) dürfen aber belastende Schlüsse gezogen werden.

Verfahrensgrundsätze (9)

X. In dubio pro reo (= Zweifelssatz)

➲ **Im Zweifel hat das Gericht zugunsten des Angeklagten zu entscheiden (Arg. aus § 261 StPO, Art. 6 II MRK).**

- **Voraussetzung:** Verbleibende Zweifel des Gerichts trotz Ausschöpfung aller Beweismittel
- **Anwendungsbereich:**
  - Beschränkt auf die den Schuldspruch unmittelbar tragenden Umstände.

    Rechtfertigungs-, Entschuldigungsgründe, Voraussetzungen eines Tatbestands- oder Verbotsirrtums
  - Der Zweifelssatz ist auf jeder logischen Stufe anzuwenden; es zählt nicht das im Ergebnis günstigere Geschehen.

    Bei einer Trunkenheitsfahrt fällt damit die zurückgerechnete BAK hinsichtlich der alkoholbedingten Fahruntüchtigkeit (§ 316 StGB) geringer aus als die ermittelten Werte in Bezug auf die Schuldfähigkeit (§§ 20, 21 StGB).
  - Aus der Anwendung des Zweifelssatzes zugunsten eines Angeklagten dürfen keine nachteiligen Schlüsse zulasten Mitangeklagter gezogen werden.

⚠ Der „in dubio pro reo"-Grundsatz gilt nicht bei Verfahrensfehlern und erfährt eine Einschränkung in den Fällen der Postpendenz (⇨ StrafR AT).

Verfahrensgrundsätze (10)

XI. Nemo tenetur se ipsum accusare

➲ **Niemand ist verpflichtet, sich selbst zu belasten; der Beschuldigte muss nicht aktiv an seiner eigenen Überführung mitwirken (Arg. aus Art. 2 I i.V.m. Art. 1 I GG).**

Ausprägungen:

- Der Beschuldigte hat in jedem Verfahrensstadium ein **umfassendes Schweigerecht** zur Sache (§§ 136 I, 163a III, IV, 243 V 1 StPO).

  ⚠ **Aus prozessual zulässigem (Total-)Schweigen** zu einer prozessualen Tat (⇨ 72) dürfen grds. **keine Schlüsse zum Nachteil** des Angeklagten gezogen werden.
- Bei Vernehmungen ist der Beschuldigte über sein Schweigerecht zu **belehren** (§§ 136 I 2, 163a III, IV, 243 V StPO).
- Die Aussagefreiheit des Beschuldigten darf **nicht** durch verbotene Vernehmungsmethoden beeinträchtigt werden, vgl. § 136a StPO.
- Den Beschuldigten trifft **keine aktive Mitwirkungspflicht** an Untersuchungshandlungen.

  Kein Zwang, in ein Alkohol-Testgerät zu blasen; Unzulässigkeit der Verwendung eines Lügendetektors

Einschränkungen:

- **Erscheinungspflicht** des geladenen Beschuldigten bei Vernehmungen durch StA oder Richter und in der HV (§§ 133, 163a III, 216, 230 II StPO); er muss **Angaben zur Person** machen (vgl. § 111 OWiG).
- **Duldungspflicht** bzgl. Blutentnahme, körperlichen Untersuchungen und erkennungsdienstlichen Maßnahmen im Rahmen der §§ 81a, 81b StPO.
- **Teilschweigen** des Angeklagten innerhalb einer prozessualen Tat kann indiziell gegen ihn gewertet werden (Grund: Er macht sich damit selbst zum Beweismittel).

Verfahrensgrundsätze (11)

XII. Rechtliches Gehör

➲ **Dem Betroffenen muss Gelegenheit gegeben werden, sich dem Gericht ggü. zu den gegen ihn erhobenen Vorwürfen zu äußern (Art. 103 I GG).**

Ausprägung der Mitteilungspflichten und Anhörungsrechte vor einer gerichtlichen Entscheidung:

Vor der HV	In der HV
▪ Richterliche Vernehmung vor U-Haft, § 115 StPO	▪ Anwesenheit des Angeklagten, §§ 230, 243 I StPO
▪ Vernehmung vor Abschl. d. Ermittlungen, § 163a I StPO	▪ Äußerungsrechte und letztes Wort, §§ 257, 258 StPO
▪ Mitteilung der Anklageschrift, § 201 StPO	▪ Hinweispflicht nach § 265 StPO

⚠ Fehlt eine gesonderte Vorschrift, gilt stets § 33 StPO.

- Bei Anordnungen von Untersuchungsmaßnahmen ist eine **vorherige Anhörung** entbehrlich, wenn der Anordnungszweck gefährdet würde (§ 33 IV StPO); die Anhörung ist dann nachzuholen (vgl. §§ 33a, 98 II, 311a, 356a StPO). 🔍 U-Haft, Beschlagnahme, Durchsuchung
- Die Gewährung notwendiger Informationen im Ermittlungsverfahren wird durch das **Akteneinsichtsrecht** des Verteidigers gewährleistet, § 147 StPO.
- Der Betroffene hat das Recht, Anträge zu stellen (z.B. Beweisantragsrecht, §§ 244 III–VI, 245 II StPO).

XIII. Gesetzlicher Richter

➲ **Der für den Einzelfall zuständige Richter muss sich vorhersehbar aus einer allgemeinen Regelung ergeben (Art. 101 I 2 GG, § 16 S. 2 GVG).**

Gesetzliche Gewährleistung: §§ 7 ff. StPO (örtliche Zuständigkeit); §§ 24 ff., 74 ff., 120 ff. GVG (sachliche Zuständigkeit); § 21e I GVG (Geschäftsverteilungsplan)

Verfahrensgrundsätze (12)

XIV. Grundsatz des fairen Verfahrens („fair trial“)

Das Gebot des fairen Verfahrens folgt aus dem Rechtsstaatsprinzip (Art. 20 III GG) i.V.m. dem allgemeinen Freiheitsrecht (Art. 2 I GG) und mittelbar aus Art. 6 I MRK. Es handelt sich hierbei insb. um eine Auslegungsrichtlinie zwecks Sicherung von Verfahrensrechten.

XV. Unschuldsvermutung (vgl. Art. 6 II MRK)

➲ **Der durch das Strafverfahren Betroffene hat das Recht, bis zum ordnungsgemäßen Nachweis der Schuld als unschuldig behandelt zu werden; die Unschuldsvermutung endet erst mit Rechtskraft der Verurteilung.**

- **Konsequenzen:**
  - Maßnahmen, die den vollen Nachweis der Schuld erfordern, dürfen nicht getroffen werden, bevor der Schuldnachweis erbracht ist.
  - Vollstreckung erst ab Rechtskraft des Urteils, vgl. § 449 StPO. Ein noch nicht rechtskräftiges Urteil kann nicht vorläufig vollstreckt werden (anders § 704 ZPO).
  - Der Angeklagte muss sein Alibi nicht beweisen. Das Gericht muss ihm die schuldhafte Begehung nachweisen (sonst: in dubio pro reo).

    ⚠ Die Unschuldsvermutung steht aber nicht Ermittlungsmaßnahmen entgegen, die an einen bestimmten Verdacht anknüpfen (🔍 U-Haft, vorläufige Festnahme).

Verfahrensgrundsätze (13)

XVI. Prozessuale Fürsorgepflicht des Gerichts

➲ **Aus dem Rechtsstaatsprinzip (Art. 20 III, 28 GG) leitet sich die Verpflichtung des Gerichts ab, den Verfahrensbeteiligten die Wahrnehmung ihrer prozessualen Befugnisse zu ermöglichen und die Justizförmigkeit des Verfahrens zu gewährleisten.**

- **Ausprägungen:**
  - Schutzmaßnahmen zugunsten Verfahrensbeteiligter (z.B. nach §§ 68 II, III, 68a, 247, 247a StPO, §§ 171b, 172 Nr. 1a, Nr. 4 GVG)
  - Aufklärung der Verfahrensbeteiligten über ihre Rechte (vgl. §§ 35a, 52 III, 55 II, 136 I StPO)
  - Hinweispflichten und auch die zeitliche Ermöglichung, sich auf eine veränderte Prozesslage einzustellen (vgl. §§ 145 III, 265 StPO)

XVII. Grundsatz der Verhältnismäßigkeit

➲ **Das „Ob" und „Wie" staatlicher Strafverfolgung muss grds. in einem angemessenen Verhältnis zu Schwere und Bedeutung der Straftat stehen. Die Intensität des Verdachts muss die jeweilige Maßnahme rechtfertigen und diese selbst muss erforderlich und zumutbar sein.**

⚠ Das praktische Schwergewicht der Auswirkungen des Verhältnismäßigkeitsgebots liegt bei der Anordnung und Durchführung von schwerwiegenden Grundrechtseingriffen und Zwangsmaßnahmen (z.B. Haft, Durchsuchung, körperliche Untersuchung).

- Teilweise ist die Verhältnismäßigkeit ausdrücklich als Einschränkung normiert, z.B. § 112 I 2 StPO.
- Anderenfalls ist die Verhältnismäßigkeit als ungeschriebene Voraussetzung, insb. bei Zwangsmaßnahmen anzusehen, z.B. § 81a StPO.

Verfahrensbeteiligte (1)

I. Beschuldigter

- **Alleinbeschuldigter**

  ➲ **Der Tatverdächtige, gegen den sich das Ermittlungsverfahren erkennbar richtet (materieller Begriff).**

  – Beschuldigteneigenschaft, sobald er materiell verdächtig erscheint und gegen ihn gezielt ermittelt wird (also keine bloße informatorische Befragung) oder wenn er aufgrund der Stärke des Tatverdachts als solcher hätte behandelt werden müssen.

  – Anfangsverdacht reicht aus, vgl. § 152 II.

Rechte:	Pflichten:
▪ Belehrung, §§ 136, 243 IV StPO ▪ Nemo tenetur se ipsum accusare (⇨ 13) ▪ Anwesenheits-, Frage- und Erklärungsrechte (§§ 168c II, 168d, 224 I, 230, 240, 257, 258 StPO) ▪ Beweisantragsrecht (§§ 163a II, 244 III–VI, 245 II StPO)	▪ Erscheinungspflicht (⇨ 13) ▪ Anwesenheitspflicht in der HV (§§ 230, 231 I StPO) ▪ Einzelne Duldungspflichten körperliche Untersuchung (§ 81a StPO), Lichtbildaufnahme (§ 81b StPO)

- **Mitbeschuldigter**

  ➲ **Derjenige, gegen den im selben Verfahren ermittelt wird, solange die Verfahren nicht getrennt werden („formeller Begriff“ nach st.Rspr.).**

  – Der materiell-rechtliche Tatverdacht ist insoweit irrelevant (arg. ex § 60 Nr. 2 StPO).

  – Der Mitbeschuldigte kann nicht gleichzeitig Zeuge sein; erst nach einer Verfahrenstrennung ist die Zeugenvernehmung möglich.

  ⚠ Eine Verfahrenstrennung ist aber unzulässig, wenn sie allein die Zeugenvernehmung des Mitbeschuldigten ermöglichen soll (sog. gezielter Rollentausch).

Verfahrensbeteiligte (2)

II. Richter/Gericht

- **Aufgaben:**
  - **Im Ermittlungsverfahren:** Anordnung von Zwangsmaßnahmen; Beweissicherung; Kontrolle der StA
  - **Im Zwischen- und Hauptverfahren:** Beschluss über Eröffnung der HV; Vorbereitung der HV/Prozessleitung; Entscheidung (Urteil/Beschluss)
- **Ausschließung/Ablehnung** eines Richters nach §§ 22 ff., 148a II StPO

  ⚠ Weitere Mitwirkung eines Richters trotz gesetzlichen Ausschlusses/rechtmäßiger Ablehnung ist ein absoluter Revisionsgrund (§ 338 Nr. 2, Nr. 3 StPO).

III. Staatsanwaltschaft

- **Stellung:** unabhängiges und objektives Organ der Rechtspflege (§ 150 GVG; § 160 II StPO)
- **Aufgaben:**

1. Herrin des Ermittlungsverfahrens	2. Vertreterin der Anklage	3. Vollstreckungsbehörde
– Einleitung u. Abschluss des Ermittlungsverfahrens, §§ 160, 170 StPO – „Ermittlungszentrale“, § 161 I StPO	– Verlesung der Anklageschrift, § 243 III StPO – Anwesenheits-, Frage-, Beweisantrags-, Erklärungsrechte und Schlussvortrag in HV (§§ 226, 240 II, 244, 257 II, 258 I StPO) – Rechtsmittelberechtigung, § 296 StPO	**§ 451 StPO,** **§ 36 II StPO**

Verfahrensbeteiligte (3)

III. Staatsanwaltschaft (Fortsetzung)

- **Organisation:** hierarchisch-monokratischer Aufbau (§§ 141–152 GVG)
  Weisungsrecht des Dienstvorgesetzten, §§ 145–147 GVG
- **Bindung** an höchstrichterliche Rspr. str. (⇨ 5)
- **Ablehnung/Ausschluss** eines StA **wegen Befangenheit?**
  Nach Lit. analog §§ 22 ff. StPO möglich; nach Rspr. lediglich formloser Antrag auf Ersetzung i.S.d. § 145 GVG
  Regelungen in Nds (§ 7 AG GVG) und BadW (§ 11 AG GVG)

IV. Verteidiger

➲ **Beistand des Beschuldigten (§ 137 StPO) und unabhängiges Organ der Rechtspflege (§ 1 BRAO)**

- Der Beschuldigte kann sich in jeder Verfahrenslage des Beistands eines Verteidigers bedienen **(§ 137 I StPO)**; er ist insoweit zu belehren (§ 136 I 2 StPO).
- **Pflichtverteidigung:** In den Fällen des **§ 140 I, II StPO** ist die Mitwirkung eines Verteidigers notwendig. Verlangt der Beschuldigte, der noch keinen Verteidiger hat, in seiner Vernehmung einen Pflichtverteidiger, wird ihm einer bestellt, § 141 I StPO. Unabhängig davon erfolgt eine Bestellung
  - bei einer Haftvorführung,
  - einer Freiheitsentziehung,
  - wenn er sich nicht selbst verteidigen kann oder
  - bei Anklageerhebung, § 141 II StPO.

  Die finanzielle Situation des Beschuldigten ist dabei irrelevant.
  Verbrechen, erstinstanzliche Zuständigkeit des Landgerichts oder des Schöffengerichts, Haft
  ⚠ Ein „Verteidiger in eigener Sache" ist bei einer Pflichtverteidigung nicht möglich, da der Verteidigerstatus mit der Stellung als Beschuldigter unvereinbar ist (anders § 78 IV ZPO).

Verfahrensbeteiligte (4)

IV. Verteidiger (Fortsetzung)

- **Wahrheitspflicht:** Kein Recht zur Lüge und Verdunkelung; aber keine Verpflichtung zur aktiven Überführung des Beschuldigten wegen der Verschwiegenheitspflicht (vgl. § 203 I Nr. 3 StGB)

  ⚠ Prozessual zulässiges Verteidigerhandeln ist schon nicht tatbestandlich i.S.d. § 258 StGB.

  Ratschlag an Beschuldigte/Zeugen, vom Schweigerecht Gebrauch zu machen

- **Verteidigerrechte:**
  - **Zeugnisverweigerungsrecht** nach § 53 I Nr. 2 StPO; Absicherung durch das **Beschlagnahmeverbot** gem. § 97 StPO; Ermittlungsverbot, § 160a StPO.
  - **Ungehindertes Verkehrsrecht** mit dem Beschuldigten, § 148 StPO

    ⚠ Begründet i.V.m. § 97 StPO auch ein Beschlagnahmeverbot von Verteidigungsunterlagen, die sich im Gewahrsam des Beschuldigten befinden.
  - **Anwesenheitsrechte** im Ermittlungsverfahren bei richterlichen Untersuchungshandlungen (§§ 168c I, 168d I StPO), bei der Beschuldigtenvernehmung (§§ 136, 163a IV, 168c StPO) und in der HV
  - **Akteneinsichtsrecht**, § 147 StPO
  - **Rechtsmittelbefugnis**, §§ 297, 302 II StPO
- **Ausschluss** des Verteidigers: abschließende Regelung in §§ 138a–d StPO
- **Maximal 3 Wahlverteidiger** je Beschuldigtem (§ 137 I 2 StPO) und **Verbot der** – kumulativen – **Mehrfachverteidigung** (§ 146 StPO); sukzessive Verteidigung aber möglich!

⚠ Im Hinblick auf Art. 12 GG ist die **Annahme bemakelten Geldes** für den Wahlverteidiger nur dann gem. § 261 StGB strafbar, wenn er im Zeitpunkt der Annahme **sichere Kenntnis** von der deliktischen Herkunft des Honorars hat (= **verfassungsrechtlich gebotene Einschränkung des Geldwäschetatbestandes**), vgl. § 261 I 3 StGB.

Verfahrensbeteiligte (5)

V. Polizei

➲ Je nach verfolgtem Zweck ist zu unterscheiden:

1. Repressive Tätigkeit	2. Präventive Tätigkeit
■ Erforschung von Straftaten, Sicherung von Beweisen ■ Regelungen in der **StPO** und im **GVG**	■ Abwehr drohender Gefahren ■ Regelungen in den jeweiligen **Polizeigesetzen** der Länder

⇩

- Recht und Pflicht des **ersten Zugriffs**, § 163 I StPO (Legalitätsprinzip ⇨ 5)

  ⚠ Nach h.M. ist § 163 StPO keine Eingriffsermächtigung, sondern eine Zuweisungsnorm; für nicht gesetzlich geregelte Eingriffsbefugnisse kann nur § 161 I StPO herangezogen werden. Aber bei tiefgreifenden Grundrechtseingriffen ist eine spezielle Ermächtigungsgrundlage erforderlich.

- Sofern Polizisten **Ermittlungspersonen der StA** (§ 152 GVG) sind, sind sie weisungsgebunden.
- **Allgemeine Befugnisse:** Zeugen- und Sachverständigenvernehmung (§ 163a StPO), vorläufige Festnahme (§ 127 StPO), erkennungsdienstliche Behandlung (§ 81b StPO)
- Eine eigene Kompetenz zur Anordnung von Zwangsmaßnahmen mit Richtervorbehalt besteht für Ermittlungspersonen der StA nur in den gesetzlich geregelten Fällen bei **„Gefahr im Verzug"**.

  🔍 Beschlagnahme (§ 98 I 1 StPO), Durchsuchung (§ 105 I 1 StPO)

  ⚠ Der Begriff „Gefahr im Verzug" ist eng auszulegen; die subsidiäre Eilkompetenz kann nur – als Ausnahmefall – mit einzelfallbezogenen Tatsachen begründet werden. Letztere müssen zeitnah dokumentiert werden, um eine volle richterliche Kontrolle zu gewährleisten.

Verfahrensbeteiligte (6)

VI. Verletzter

➲ **Jeder, der durch die behauptete Tat unmittelbar in seinen Rechten, Rechtsgütern oder rechtlich anerkannten Interessen beeinträchtigt ist, § 373b StPO.**

Bestohlener Gewahrsamsinhaber, der durch ein Aussagedelikt Belastete

⚠ Der für den Strafantrag maßgebliche Verletztenbegriff des § 77 StGB ist enger (⇨ nur der Träger des durch die Straftat unmittelbar verletzten Rechtsguts).

- **Besondere Verfahrensmöglichkeiten des Verletzten** (vgl. 66 f.):
  - **Privatklage**, § 374 StPO, falls StA das öffentliche Interesse an Strafverfolgung verneint, §§ 374, 376 StPO
  - **Nebenklage**, §§ 395 ff. StPO
  - **Klageerzwingungsverfahren**, § 172 StPO, bei Offizialdelikten und Einstellung mangels Tatverdachts, § 170 II StPO
  - **Adhäsionsverfahren**, §§ 403 ff. StPO (= prozessuale Möglichkeit, zivilrechtliche Ersatzansprüche gegen den Angeklagten im Strafverfahren zu verfolgen)
- **Allgemeine Verletztenrechte im Verfahren:**
  - **Anwesenheitsrecht** in der HV, vgl. § 397 I 1 StPO
  - **Informationsrechte** und **Benachrichtigungspflichten** oder -möglichkeiten, §§ 214 I, 406d, 406h StPO
  - **Akteneinsichtsrecht**, § 406e StPO
  - **Beistand durch Rechtsanwalt** oder **Person seines Vertrauens** (Verletztenbeistand/Zeugenbeistand), §§ 406f, 68b StPO

Verfahrensbeteiligte (7)

VI. Verletzter (Fortsetzung)

- **Opferschutzmöglichkeiten im Verfahren:**
  - Beschränkung der Öffentlichkeit nach §§ 171b, 172 GVG
  - Entfernung des Angeklagten bei Zeugenvernehmung, § 247 StPO
  - Audio-visuelle Zeugenvernehmung, §§ 247a, 168e StPO
  - Einführung einer Aufzeichnung der Zeugenvernehmung als Ersatz der persönlichen Vernehmung in der HV, §§ 255a II, 58a StPO

VII. Beweisperson

1. Zeuge, §§ 48 ff. StPO

➲ **Wer aufgrund eigener sinnlicher Wahrnehmung zu einem tatsächlichen Geschehen aussagen kann und nicht Angeklagter bzw. Mitangeklagter desselben Verfahrens ist** (also ggf. auch der Verletzte).

- **Pflichten: Erscheinen** (§ 51 StPO) + **Aussagen** (§ 69 StPO) + **Beeiden** (Ausnahme, § 59 StPO)

⚠ Die Erscheinungs- und Aussagepflicht besteht gem. § 161a I, II StPO auch ggü. der StA und gem. § 163 III StPO n.F. auch gegenüber der Polizei, wenn der Ladung ein Auftrag der StA zugrundeliegt.

Verfahrensbeteiligte (8)

VII. Beweisperson (Fortsetzung)

1. Zeuge, §§ 48 ff. StPO (Fortsetzung)

- **Rechte:**

  1) **Zeugnisverweigerungsrecht (ZVR)** nach §§ 52–54 StPO:

     – **Umfassendes Schweigerecht** (bzgl. der gesamten Tat) **für Angehörige** des Beschuldigten i.S.d. **§ 52 StPO** in allen Verfahrensstadien; insoweit besteht bei jeder Vernehmung eine **Belehrungspflicht** gem. **§ 52 III StPO**.

     ⚠ Das ZVR nach § 52 StPO erstreckt sich auf einen Mitbeschuldigten des Angehörigen bei identischer prozessualer Tat, wenn eine **prozessuale Gemeinsamkeit** besteht oder vormals bestand (z.B. einheitliches Ermittlungs- oder Hauptverfahren), mithin auch nach Verfahrenstrennung oder -einstellung nach §§ 170 II, 205 StPO. Erst nach dem Tod oder der rechtskräftigen Verurteilung (bzw. Freispruch) des Angehörigen oder partiellem Strafklageverbrauch, z.B. gem. § 153a StPO, wenn die Bewertung der Tat als Verbrechen nicht möglich ist, erlischt das ZVR.

     – **Schweigerecht aus beruflichen oder dienstlichen Gründen** für Berufsgeheimnisträger i.S.d. **§§ 53, 53a, 54 StPO** in Bezug auf Tatsachen, auf die sich die Verschwiegenheitspflicht erstreckt

     ⚠ Ausn.: Entbindung von der Schweigepflicht nach §§ 53 II, 53a II StPO bzw. eingeholte Aussagegenehmigung i.S.d. § 54 StPO.

  2) **Auskunftsverweigerungsrecht (AVR)** nach **§ 55 StPO:** Partielles Schweigerecht in Bezug auf Fragen, deren Beantwortung den Zeugen selbst oder seinen – nicht beschuldigten (sonst gilt § 52 StPO) – Angehörigen i.S.v. § 52 I StPO der Gefahr einer Straftats- oder Ordnungswidrigkeitsverfolgung aussetzt; insoweit besteht eine Belehrungspflicht gem. § 55 II StPO.

Verfahrensbeteiligte (9)

VII. Beweisperson (Fortsetzung)

1. Zeuge, §§ 48 ff. StPO (Fortsetzung)

- **Rechte** (Fortsetzung):
  3) **Eidesverweigerungsrecht** gem. § 61 StPO, falls das Gericht nicht schon nach den §§ 59, 60 StPO von der Vereidigung absieht
  4) Beschränkung der Angaben zur Person bei drohender Gefahr für den Zeugen, § 68 StPO
  5) Beiordnung eines Rechtsanwalts im Falle des § 68b StPO

2. Sachverständiger (SV), §§ 72 ff. StPO

➲ **Wer wegen seiner besonderen Sachkunde vom Gericht herangezogen wird, um über Tatsachen/ Erfahrungssätze Auskunft zu geben oder einen Sachverhalt zu bewerten.**

Psychiater bei Fragen der Schuldfähigkeit oder der Unterbringung nach §§ 63, 64, 66 StGB (vgl. § 246a StPO)

- Es gelten über **§ 72 StPO** grds. die Regelungen über Zeugen.
- Der SV hat eine **Gutachtenerstattungspflicht**, § 75 StPO; diese entfällt bei einem **Gutachtenverweigerungsrecht** (§ 76 StPO i.V.m. § 52 StPO).
- Der **SV kann** wegen Besorgnis der Befangenheit wie ein Richter **abgelehnt werden, §§ 74, 22 ff. StPO.**
- Für einen SV, der seine sachkundigen Wahrnehmungen nicht im Auftrag des Gerichts gemacht hat (= **sachverständiger Zeuge**), gelten ausschließlich die Vorschriften über den Zeugenbeweis, **§ 85 StPO.**

Zwangs- und Ermittlungsmaßnahmen (1)

I. Untersuchung von Personen, §§ 81 ff. StPO

Maßnahme	Besonderheiten
1. § 81 StPO, Unterbringung im psychiatr. Krankenhaus	▪ **Anordnungsbefugnis:** Gericht, § 81 II, III StPO ▪ **Voraussetzungen:** dringender Tatverdacht und nach Anhörung eines Sachverständigen und des Verteidigers ▪ **Rechtsfolge:** Unterbringung zur Beobachtung für max. 6 Wochen, § 81 V StPO ⚠ § 81 StPO rechtfertigt keine körperlichen Eingriffe; hierfür § 81a StPO erforderlich
2. § 81a StPO körperliche Untersuchung/ Eingriffe ggü. Beschuldigtem	▪ **Anordnungsbefugnis, § 81a II StPO:** grds. Richter; Ausn.: bei Gefahr im Verzug StA/Ermittlungsperson; bei Straftaten i.S.d. §§ 315a I Nr. 1, II, III, 315c I Nr. 1a, II, III und § 316 StGB keine richterliche Anordnung nötig ▪ **Durchführung:** nur durch Arzt, § 81a I 2 StPO, falls kein Nachteil für Gesundheit zu befürchten – insb. Blutproben ▪ Keine aktive Mitwirkungs-, nur **Duldungspflicht** (⇨ 13) ⚠ Die Brechmittelverabreichung ist nach Rspr. des EGMR im Einzelfall eine – konventionswidrige – unmenschliche u. erniedrigende Behandlung i.S.d. Art. 3 MRK (⇨ 16). ▪ **Annexkompetenz** für **Gewaltanwendung** zur Durchführung der Untersuchung (🔍 Festhalten, Anschnallen, zwangsweise Verbringung zum Arzt) ▪ Eine Untersuchung nach Beweismitteln unter der Kleidung (z.B. nach Rauschgiftbriefchen) unterfällt § 102 StPO („Durchsuchung der Person“) ▪ **Kein grds. Verwertungsverbot bei Verstoß** gg. Voraussetzungen des § 81a StPO ⚠ Unverwertbar sind Untersuchungsergebnisse aber bei bewusster Täuschung über die Arzteigenschaft durch den anordnenden Beamten, bei unerlaubter Ausübung von Zwang und bei willkürlichem Verstoß gegen die primäre richterliche Anordnungsbefugnis.

Zwangs- und Ermittlungsmaßnahmen (2)

I. Untersuchung von Personen, §§ 81 ff. StPO (Fortsetzung)

Maßnahme	Besonderheiten
3. § 81b, Erkennungsdienstl. Behandlung d. Beschuldigten	▪ Identifizierungs- und erkennungsdienstliche Maßnahmen ggü. dem Beschuldigten – Nehmen von Fingerabdrücken, Fotos, Gegenüberstellung
4. § 81c StPO, Untersuchung anderer Personen	▪ **Zeugengrundsatz:** Die abstrakte Möglichkeit, Zeuge zu sein, ist für § 81c StPO ausreichend; eine Aussageuntauglichkeit (z.B. von Säuglingen) irrelevant. ▪ Zulässig sind **Untersuchungen „am" Körper** (auf „Spuren"); Eingriffe in den Körper sind ausgeschlossen (Ausn.: Blutentnahme, § 81c II StPO). ▪ **Untersuchungsverweigerungsrecht** mit Belehrungspflicht, § 81c III StPO
5. §§ 81e, 81f, DNA-Untersuchung	▪ **Anordnungsbefugnis, § 81f StPO:** – Fälle des § 81e I StPO, primäre Anordnungskompetenz d. Ermittlungsrichters bei fehlender schriftlicher Einwilligung des Betroffenen – Bei Gefahr im Verzug StA/Ermittlungspersonen; Untersuchung aufgefundenen Spurenmaterials nach § 81e II StPO kann dagegen auch von der StA/Polizei angeordnet werden. ▪ Die **DNA-Analyse ist zulässig** an dem durch **§ 81a StPO** erlangten Material (z.B. Blut, Haare, Speichel, Sperma) des Beschuldigten, an nach **§ 81c StPO** gewonnenem Material von Unverdächtigen und an aufgefundenem Material. ▪ **Untersuchungszwecke:** Feststellung des DNA-Identifizierungsmusters, der Abstammung und des Geschlechts sowie Abgleich mit Vergleichsmaterial. Bei unbekanntem Spurenlager auch Augen-, Haar-, Hautfarbe und Alter

Zwangs- und Ermittlungsmaßnahmen (3)

I. Untersuchung von Personen, §§ 81 ff. StPO (Fortsetzung)

Maßnahme	Besonderheiten
6. § 81h StPO, DNA-Reihenuntersuchung	▪ **DNA-Massengentest** zum Abgleich mit aufgefundenem (Tatort-)Spurenmaterial. ▪ **Anordnungsbefugt** ist ausschließlich der Richter; die Betroffenen müssen in die Entnahme ihrer Körperzellen zwecks Untersuchung schriftlich einwilligen, vgl. § 81h IV StPO. ⚠ Die Weigerung, an einem „genetischen Massenscreening" teilzunehmen, begründet nach ganz h.M. keinen Anfangsverdacht gegen den Betreffenden.
7. § 81g StPO, Präventive DNA-Speicherung, (für zukünftige Verfahren)	▪ **Zweck:** Untersuchungsbefugnisse zur Speicherung von DNA-Material, um die Identitätsfeststellungsbeweise für ein zukünftiges Strafverfahren zu sichern. ▪ **Voraussetzung:** Tatverdacht oder rechtskräftige Verurteilung wegen einer Straftat von erheblicher Bedeutung oder einer Sexualstraftat und „Wiederholungsgefahr" ⚠ Die gewonnenen DNA-Identifizierungsmuster werden in einer DNA-Analyse-Datei beim BKA gespeichert.
8. §§ 163b, 163c StPO Identitätsfeststellung	▪ Das Gesetz unterscheidet zwischen der Feststellung der Identität des Verdächtigen und der des Unverdächtigen, § 163b I, II StPO. ▪ Das Festhalten des Betroffenen, seine Durchsuchung und die Durchführung erkennungsdienstlicher Maßnahmen sind nur zulässig, soweit mildere Maßnahmen (z.B. Kontrolle der Ausweispapiere oder auch Frage nach Personalien) keinen Erfolg versprechen, vgl. § 163b I StPO. ▪ Die Grenzen der Feststellungsbefugnisse ergeben sich aus § 163c StPO.

Zwangs- und Ermittlungsmaßnahmen (4)

II. Sicherstellung, §§ 94 ff. StPO

1. Zweck: Absicherung des Strafverfahrens gegen Beweisverlust

➲ **Oberbegriff für die Beschlagnahme und sonstige Herstellung eines öffentlich-rechtlichen Verwahrungsverhältnisses über potenzielle Beweismittel.**

2. Voraussetzungen der Sicherstellung:

a) **§ 94 I StPO** bei freiwilliger Herausgabe/gewahrsamslosen Gegenständen durch bloße Ansichnahme

b) **§ 94 II StPO** bei Verweigerung durch Beschlagnahme: **Beschlagnahmeanordnung und Beschlagnahme**

- **Anordnungskompetenz, § 98 I 1 StPO:** Richter, bei Gefahr im Verzug auch StA und Polizei
- **Wirkung:** Verstrickung des potenziellen Beweismittels (= strafrechtlicher Schutz durch § 136 StGB)
- **Beschlagnahmeverbote:** Der Beschlagnahme unterliegen gem. §§ 96 ff. StPO nicht
  - amtliche Schriftstücke bei Sperrerklärung, § 96 StPO
  - Gegenstände i.S.d. **§ 97 StPO**, die sich im Gewahrsam des Zeugnisverweigerungsberechtigten befinden (vgl. § 97 II StPO)

    ⚠ **Einschränkung:** Bei Tatverdacht wegen strafrechtlicher Verstrickung des Zeugnisverweigerungsberechtigten entfällt die Beschlagnahmebeschränkung, § 97 II 2 StPO (🔍 Patientenkartei eines beschuldigten Arztes).
  - die Korrespondenz mit dem Verteidiger (⇨ 20)

c) **§ 95 StPO** bei Erzwingung der Herausgabe durch Ordnungs- und Zwangsmittel, § 95 StPO, gem. § 95a StPO ist auch eine heimliche Beschlagnahme möglich

d) **Sonderregelungen:**

- §§ 99, 100, 101 StPO: Beschlagnahme von Postsendungen beim Beförderungsunternehmen und Auskunftsverlangen
- §§ 94 III, 111a StPO: einzuziehende Führerscheine

Zwangs- und Ermittlungsmaßnahmen (5)

III. Durchsuchung, §§ 102 ff. StPO

Ermächtig.grundl.	Ziel	Objekt	Voraussetzung	Anordnung
Bei dem Verdächtigen, § 102 StPO	– Auffinden von Beweismitteln/ Beschlagnahme – Ergreifen des Beschuldigten	– Wohnung/Räume – die Person selbst (am Körper!) und ihre Gegenstände ⚠ Trotz des einschränkenden Wortlauts ist auch die Leibesvisitation des Unverdächtigen zulässig.	– **Anfangsverdacht** und **Vermutung**, das Durchsuchungsziel zu erreichen – Verhältnismäßigkeit	**§ 105 I StPO** – Durch Richter – Eilkompetenz der StA/Polizei bei Gefahr im Verzug (enge Auslegung) – BVerfG: Anordnung verfällt nach 6 Monaten
Bei unverdächtigen Personen, § 103 StPO	– Ergreifen des Beschuldigten – Verfolgung von Spuren/Beschlagnahme		– **Tatsachen** lassen darauf schließen, dass sich Person/Sache im Objekt befindet – Verhältnismäßigkeit	

⚠ Besonderheiten gelten bei Durchsuchungen zur Ergreifung wegen einer Katalogtat nach §§ 89a, c, 129a, b StGB (§§ 103 I 2, 105 I 2 StPO)"

- Modalitäten: §§ 104 ff. StPO
  Nächtliche Hausdurchsuchung (§ 104 StPO), Mitteilung an Betroffenen (§ 107 StPO), Zeugen (§ 105 II StPO)
- **Zufallsfunde** sind einstweilen in Beschlag zu nehmen, **§ 108 StPO**.
- Der StA – und auf deren Anordnung ihren Ermittlungspersonen – obliegt gem. **§ 110 StPO** die Durchsicht von Papieren und anderen Informationsträgern (Filme, EDV-Daten, Festplatte des Rechners, Tonträger). Nach § 110 III StPO ist zudem die Sichtung externer Speichermedien (Intranet, Netzwerke, Server) zulässig, soweit diese dem Betroffenen zugänglich sind.

⚠ Die sog. „Online-Durchsuchung" ist als heimliche Maßnahme in § 100b StPO geregelt.

Zwangs- und Ermittlungsmaßnahmen (6)

IV. Überwachung und Einsatz technischer Mittel, §§ 100a ff. StPO

1. Überwachung der Telekommunikation nach § 100a StPO

a) **Anordnungsbefugnis:** Primär beim Ermittlungsrichter, bei Gefahr im Verzug auch die StA, § 100e I StPO, **aber Bestätigung binnen 3 Tagen erforderlich**. Höchstdauer 3 Monate mit Verlängerungsmöglichkeit.

b) **Voraussetzungen:**

- Verdacht einer Katalogtat i.S.v. § 100a II StPO, die auch im Einzelfall schwer wiegt.
- Sachverhaltserforschung auf andere Weise aussichtslos/wesentlich erschwert, § 100a I Nr. 3 StPO (Subsidiarität)
- Nur gegen Beschuldigten oder Telekommunikationsmittler, § 100a III StPO
- Kein Kernbereich privater Lebensgestaltung, § 100d I, II StPO

c) **Umfang der Überwachung:**

- § 100a StPO ermöglicht die Überwachung und Aufzeichnung jeder technischen Nachrichtenübermittlung.

  Mobilfunktelefon, Telefax, SMS
- Zulässig sind auch der Zugriff auf gespeicherte Mailboxnachrichten.

  Mobiltelefonstandortbestimmung mittels Funkzelle eines Handys im stand-by-Betrieb gehört **nicht** zum Anwendungsbereich (⇨ §§ 100g I 3, 100i I Nr. 2 StPO)

  ⚠ Das bloße polizeiliche Mithören beim Gesprächspartner über Zweithörer/Lautsprecher („Hörfalle") unterfällt nicht § 100a StPO.
- Quellen-TKÜ ebenfalls zulässig, um Gespräche vor der Verschlüsselung aufzuzeichnen, § 100a I 2, 3 StPO
- Kernbereichsschutz gem. § 100d II StPO

Zwangs- und Ermittlungsmaßnahmen (7)

IV. Überwachung und Einsatz technischer Mittel, §§ 100a ff. StPO (Fortsetzung)

2. Online-Durchsuchung, § 100b StPO

a) **Anordnungsbefugnis:** Durch die in § 74a IV GVG bezeichnete Kammer, bei Gefahr im Verzug durch den Vorsitzenden, aber Bestätigung binnen 3 Tagen erforderlich, § 100e II StPO

b) **Voraussetzungen:**

- Verdacht einer Katalogtat i.S.v. § 100b II StPO
- Tat wiegt auch im Einzelfall besonders schwer
- Sachverhaltserforschung auf andere Weise aussichtslos/wesentlich erschwert

c) **Umfang:**

- Heimliche Durchsuchung
- Nur gegen Beschuldigten, es sei denn, er nutzt Systeme anderer oder bei ihm allein nicht ausreichender Maßnahme
- § 53 StPO darf nicht umgangen werden, § 100d V StPO
- Bei §§ 52, 53a StPO Abwägung
- Kernbereichsschutz privater Lebensgestaltung gem. § 100d II, III StPO

Zwangs- und Ermittlungsmaßnahmen (8)

IV. Überwachung und Einsatz technischer Mittel, §§ 100a ff. StPO (Fortsetzung)

3. Sog. Lauschangriff = Abhören/Aufzeichnen von Gesprächen außerhalb eines Telefonats

Maßnahme	Voraussetzungen
a) In der Wohnung, §§ 100c StPO	▪ **Anordnungsbefugnis, § 100e II StPO:** – Grds.: **Spezielle Kammer eines bestimmten LG gem. § 74a IV GVG für den gesamten OLG-Bezirk** – Ausn.: Gefahr im Verzug: Vorsitzender, aber **Bestätigung** binnen 3 Tagen **erforderlich** ▪ **Voraussetzungen, § 100c StPO:** – Katalogtat i.S.v. § 100b II StPO, die auch im Einzelfall besonders schwer wiegt – Andere Maßnahmen aussichtslos/erschwert – Bedeutsame Äußerungen des Beschuldigten zu erwarten ▪ **Besonderheiten:** – Schutz Zeugnisverweigerungsberechtigter i.S.v. §§ 52 ff. StPO gem. § 100d V StPO wie bei § 100b StPO – Kernbereich privater Lebensgestaltung geschützt gem. § 100d II, IV StPO
b) Außerhalb der Wohnung, § 100f StPO	▪ **Anordnungsbefugnis, § 100f StPO:** – Grds.: Richter, § 100f IV i.V.m. § 100e StPO – Ausn.: Gefahr im Verzug: StA, aber **Bestätigung** binnen 3 Tagen **erforderlich** ▪ **Voraussetzungen:** – Schwere Katalogtat i.S.v. § 100a II StPO – Andere Maßnahmen aussichtslos/erschwert

Zwangs- und Ermittlungsmaßnahmen (9)

IV. Überwachung und Einsatz technischer Mittel, §§ 100a ff. StPO (Fortsetzung)

4. Weitere Observierungsmittel, § 100h StPO

Maßnahme	Voraussetzungen
a) Innerhalb der Wohnung	**unzulässig**, vgl. Wortlaut § 100h I StPO
b) Außerhalb der Wohnung	▪ **§ 100h I 1 Nr. 1:** Bildaufnahmen ▪ **§ 100h I 1 Nr. 2:** sonstige technische Mittel (Peilsender, Nachtsichtgeräte, GPS) ▪ **§ 163f:** längerfristige Observation

5. Erhebung von Verkehrsdaten, §§ 100g, j StPO

Maßgeblich ist nur, wer mit wem kommuniziert hat, nicht der Inhalt.

a) **Anordnungsbefugnis:** Richtervorbehalt gem. § 101a I 1 i.V.m. § 100e I 1 StPO, eingeschränkte Eilanordnungsmöglichkeiten

b) **Voraussetzungen** abhängig von den zu erhebenden Taten

- Bei **Verkehrsdaten** i.S.d. §§ 9, 12 TDDDG, § 2a BDBOSG gem. § 100g I StPO:
  - Bedeutsame Straftat, insbesondere (aber nicht ausschließlich) Katalogtat i.S.d. § 100a II StPO (Nr. 1) **oder** Straftat mittels Telekommunikation (Nr. 2)
  - Letzterenfalls nur, wenn Sachverhaltserforschung wesentlich erschwert oder aussichtslos wäre
  - Standortdaten dann nur für künftige Verkehrsdaten oder in Echtzeit

IV. Überwachung und Einsatz technischer Mittel, §§ 100a ff. StPO (Fortsetzung)

5. Erhebung von Verkehrsdaten, §§ 100g, j StPO (Fortsetzung)

b) **Voraussetzungen** abhängig von den zu erhebenden Taten (Fortsetzung)

- Bei **Vorratsdaten** i.S.d. § 176 TKG gem. § 100g II StPO:
  - Katalogtat, die auch im Einzelfalls besonders schwer wiegt
  - Sachverhaltserforschung oder Ermittlung des Aufenthaltsortes des Beschuldigten nicht möglich oder wesentlich erschwert
  - Verhältnismäßigkeit
- **Funkzellenabfrage** i.S.d. § 100g III StPO:
  - Voraussetzungen von Abs. 1 Nr. 1
  - Verhältnismäßigkeit
  - Sachverhaltserforschung oder Ermittlung des Aufenthaltsortes auf andere Weise nicht möglich oder wesentlich erschwert
  - Bei Erhebung von Vorratsdaten zudem Voraussetzungen von Abs. 2
- **Besonderheiten:** Schutz Zeugnisverweigerungsberechtigter i.S.d. § 53 StPO nach Abs. 4

Zwangs- und Ermittlungsmaßnahmen (11)

IV. Überwachung und Einsatz technischer Mittel, §§ 100a ff. StPO (Fortsetzung)

6. Bestandsdatenauskunft, § 100j StPO

a) **Anordnungsbefugnis:** Auf Antrag der StA durch Gericht mit Eilandordnungsmöglichkeit, wenn es um Zugangscodes nach Abs. 1 S. 2 geht, ansonsten kein Richtervorbehalt

b) **Voraussetzung:** zur Sachverhaltserforschung oder zur Ermittlung des Aufenthaltsortes des Beschuldigten erforderlich

c) **Umfang:**

- Bestandsdaten i.S.d. §§ 3 Nr. 6, 172 TKG und § 2 II Nr. 2 TDDDG
- Auch anhand einer dynamischen IP-Adresse, Abs. 2
- Sicherungscodes zum Entsperren von Endgeräten oder Datenspeichern

7. Technische Ermittlungsmaßnahmen bei Mobilfunkendgeräten, § 100i StPO

- **Gerätenummer (IMEI) und Kartennummer (IMSI) sowie der Standort des Gerätes dürfen durch technische Mittel ermittelt werden.**
- **Erlaubt den Einsatz eines sog. IMSI-Catchers** ➲ technisches Gerät für den Bereich des Mobilfunks, das sich ggü. einem in der Nähe befindlichen Handy wie eine feste Basisstation verhält und das Anpeilen eines Handys ermöglicht.

Zwangs- und Ermittlungsmaßnahmen (12)

IV. Überwachung und Einsatz technischer Mittel, §§ 100a ff. StPO (Fortsetzung)

8. Verwertungsverbote bei Verstoß gegen §§ 100a ff. StPO

- **Grds. sind rechtswidrig erlangte Ergebnisse wegen Art. 10 GG unverwertbar.**
- Ein **Verwertungsverbot** besteht für Erkenntnisse, die den Kernbereich privater Lebensgestaltung betreffen, § 100d II StPO.
- **Zufallsfunde** sind nur nach Maßgabe der §§ 479 II 1, 161 III StPO verwertbar, also nur, wenn sie eine Katalogtat i.S.v. § 100a II StPO betreffen.
- **Zeugnisverweigerungsberechtigte Personen:**
  - Die nach § 100a StPO aufgezeichneten Verbindungen und Inhalte des Beschuldigten zu zeugnisverweigerungsberechtigten Angehörigen i.S.d. § 52 StPO dürfen verwertet werden.

    ⚠ Aus § 148 StPO folgt aber, dass der Kontakt des Beschuldigten zum Verteidiger nicht der Überwachung unterliegt.
  - Für Berufsgeheimnisträger nach den §§ 53, 53a StPO greifen jedoch die abgestuften Regelungen des § 160a StPO (⇨ 🗗 40, 52).

Zwangs- und Ermittlungsmaßnahmen (13)

V. Verdeckte Ermittler, V-Leute, §§ 110a ff. StPO

Maßnahme	Besonderheiten
Verdeckter Ermittler (VE), §§ 110a ff. StPO	**VE sind Polizeibeamte, ➲ die unter einer ihnen versehenen, auf Dauer angelegten, veränderten Identität (Legende) ermitteln**, § 110a II 1 StPO. ⚠ Abgrenzung: **NOEP** (nicht öffentlich ermittelnde Polizeibeamte) ➲ Verdeckt ermittelnde Beamte, die nur kurzzeitig in eine andere Rolle schlüpfen (Drogen-Testkauf) **V-Leute** (Vertrauenspersonen) ➲ Private, die die Strafverfolgungsorgane bei der Aufklärung von Straftaten längerfristig unterstützen und deren Identität grds. geheim gehalten wird. **Informanten** ➲ geben den Strafverfolgungsbehörden dagegen im Einzelfall, gegen Zusicherung der Vertraulichkeit, Informationen. ▪ **Einsatzvoraussetzungen für VE:** – Verdacht bzgl. Tat i.S.d. § 110a I Nr. 1–4 StPO – Beachtung der Subsidiarität, § 110a I 3, 4 StPO – Zustimmung der StA gem. § 110b I StPO; Zustimmung des Richters bei Einsätzen gegen einen bestimmten Beschuldigten und vor dem Betreten einer Privatwohnung durch den VE, vgl. § 110b II StPO ▪ **Befugnisse des VE:** Erlaubt ist **nur** das Betreten einer Privatwohnung unter seiner **Legende, § 110c StPO und Sammlung von Informationen**. Der VE ist nicht befugt, milieubedingte Straftaten zu begehen.

Zwangs- und Ermittlungsmaßnahmen (14)

V. Verdeckte Ermittler, V-Leute, §§ 110a ff. StPO (Fortsetzung)

Maßnahme	Besonderheiten
Einsatz verdeckter Ermittler, §§ 110a ff. StPO	▪ **Schutz des VE im Strafverfahren:** – Die Identität des VE kann geheim gehalten werden, § 110b III 1 StPO. – Bei Gefährdung des VE ist es auch möglich, ihn entsprechend § 96 StPO als Zeugen für den Prozess zu sperren, vgl. § 110b III 3 StPO. – Nach Maßgabe des § 68 StPO ist seine Verpflichtung, als Zeuge Angaben zur Person zu machen, eingeschränkt. – Seine Zeugenvernehmung kann in der Hauptverhandlung audio-visuell erfolgen, vgl. §§ 58a, 168e, 247a, 255a StPO; zum Schutz seiner Identität kann er zugleich optisch und akustisch „abgeschirmt“ werden (z.B. Stimmverzerrer/„spanische Wand“). ▪ **Befugnisse von NOEP, V-Leuten und Informanten** werden nicht durch die §§ 110a ff. StPO erfasst. – Ihr Einsatz kann nur auf die allg. Ermittlungsgeneralklausel des § 163 StPO gestützt werden. – Der Einsatz dieser Ermittlungsgehilfen ist aber unzulässig, soweit dadurch die Einsatzvoraussetzungen und -befugnisse für einen VE umgangen werden sollen. ▪ **Verwertungsverbote:** – Fehlt die erforderliche Zustimmung des StA bzw. des Richters zum Einsatz eines VE, so sind dessen Erkenntnisse unverwertbar. – Die durch den Einsatz von VE erlangten Informationen dürfen – als sog. Zufallsfunde – in anderen Strafverfahren nur verwertet werden, wenn es sich um Katalogtaten i.S.d. § 110a I StPO handelt, vgl. §§ 479 II 1, 161 III StPO.

Zwangs- und Ermittlungsmaßnahmen (15)

V. Verdeckte Ermittler, V-Leute, §§ 110a ff. StPO (Fortsetzung)

Maßnahme	Besonderheiten
Einsatz verdeckter Ermittler, §§ 110a ff. StPO (Fortsetzung)	– Erkenntnisse aus dem Kernbereich sind unverwertbar, §§ 110a I 5, 100d II 1 StPO. – Im Übrigen gelten dieselben Grundsätze wie bei der Verwertbarkeit einer TÜ nach § 100a StPO (vgl. 31). ⚠ Verwertbar sind nach der Rspr. des BGH dagegen die Erkenntnisse eines – i.S.d. Verfolgungsbehörden handelnden – Tatprovokateurs („agent provocateur"); hier wird lediglich ein schuldunabhängiger Strafmilderungsgrund zugunsten des Beschuldigten angenommen.

VI. Schutz der Berufsgeheimnisträger bei Ermittlungsmaßnahmen

➲ Nach § 160a StPO sind die zeugnisverweigerungsberechtigten Berufsgeheimnisträger i.S.d § 53 StPO und deren Berufshelfer bei allen Ermittlungs- und Zwangsmaßnahmen in besonderer Weise geschützt:

1. Für **Strafverteidiger, Abgeordnete und Seelsorger** besteht ein umfassendes Erhebungs- und Verwertungsverbot nebst einer Löschungspflicht, **§ 160a I StPO**.

   ⚠ Ausn.: Tatsachengestützter Verdacht der strafbaren Tatverstrickung

2. Für die **übrigen Berufsgeheimnisträger** (auch für sonstige RAe und StB) ist gem. § 160a II StPO die Zulässigkeit von Erkenntniserhebung und -verwertung jeweils von einer Abwägung abhängig (⇨ 55).

   ⚠ Spezialregelungen für den großen Lauschangriff und die Online-Durchsuchung in § 100d V StPO und für die Beschlagnahme, §§ 97, 108 III StPO

Zwangs- und Ermittlungsmaßnahmen (16)

VII. Verwendungsbeschränkungen für die gewonnenen Erkenntnisse

Die Erkenntnisse aus den verdeckten Ermittlungsmaßnahmen sind wegen des datenschutzrechtlichen Zweckbindungsgrundsatzes in ihrer Verwendung grds. auf das Ausgangsverfahren, für das sie angeordnet wurden, beschränkt:

- Nach **§§ 479 II 1, 161 III StPO** dürfen diese Daten jedoch als „Zufallsfunde" für anderweitige Strafverfahren gegen Dritte oder den Beschuldigten
  - nach Maßgabe des „hypothetischen Ersatzeingriffs" zu Beweiszwecken verwertet werden

    und
  - als Spurenansatz unbeschränkt verwendet werden.

    ⚠ Den §§ 479 II 1, 161 III StPO gehen aber die spezielleren Verwendungsregelungen, z.B. in den §§ 100d V, 100e VI Nr. 1, 108 II, III StPO, vor.
- Präventiv erlangte Daten dürfen unter den identischen Voraussetzungen für das Strafverfahren verwendet bzw. verwertet werden, § 161 III StPO.
- Abgesichert wird der datenschutzrechtliche Zweckbindungsgrundsatz auch durch die einheitlichen Verfahrensregelungen für personenbezogene Daten in § 101 StPO.

  🔍 Kennzeichnungs-, Löschungs- und Benachrichtigungspflichten sowie Rechtsschutzmöglichkeiten

Zwangs- und Ermittlungsmaßnahmen (17)

VIII. Untersuchungshaft

1. Zweck **Sicherung des Verfahrens zur Durchsetzung des staatlichen Strafanspruchs**

2. Voraussetzungen des Haftbefehls, § 112 StPO

a) **Anordnungsbefugnis**: Haftrichter, §§ 125 I, 162 I 2 StPO
⚠ Nach Anklageerhebung ist das mit der Sache befasste Gericht anordnungsbefugt, § 125 II StPO.

b) **Dringender Tatverdacht** ➲ Nach dem bisherigen Ermittlungsstand besteht eine große Wahrscheinlichkeit dafür, dass der Beschuldigte die Tat als Täter oder Teilnehmer schuldhaft begangen hat.

c) **Haftgrund:**

Konkrete Haftgründe, § 112 II StPO	**Abstrakte Haftgründe, § 112 III StPO**	**Wiederholungsgefahr, § 112a StPO**	**Hauptverhandlungshaft, § 127b II StPO**
▪ **Flucht** ▪ **Fluchtgefahr** ➲ konkrete Anhaltspunkte erforderlich (⚠ auch das bewusste Sich-versetzen in den Zustand der Verhandlungsunfähigkeit; str. bei Suizidgefahr). ▪ **Verdunkelungsgefahr** ➲ dringender Verdacht von Beweisvereitelungshandlungen i.S.d. § 112 II Nr. 3a)–c) StPO.	▪ Vorliegen einer **Katalogtat** + ▪ **Möglichkeit** der **Flucht-** oder **Verdunkelungsgefahr** = ungeschriebene Voraussetzung (verfassungskonforme Auslegung)	▪ **Straftaten gegen** die sexuelle **Selbstbestimmung** oder „Stalking" gem. § 238 II, III StGB ▪ **Wiederholte Katalogtat** nach § 112a I Nr. 2 StPO u. Straferwartung > 1 Jahr + ▪ **Gefahr d. Wiederholung** aufgrund best. Tatsachen	▪ Beschleunigtes Verfahren, §§ 417 ff. StPO, zu erwarten ▪ Binnen 1 Woche ab Festnahme zu erwarten
+ **Verhältnismäßigkeit** i.S.d. §§ 112 I 2, 113 StPO		**Subsidiarität, § 112a II StPO!**	**Max. 1 Woche, § 127b II 2 StPO**

Zwangs- und Ermittlungsmaßnahmen (18)

VIII. Untersuchungshaft (Fortsetzung)

3. Vollzug

a) Des Haftbefehls auf Veranlassung der StA gem. § 36 II StPO durch Polizei

b) Beschränkungen für Inhaftierten in der U-Haft, § 119 StPO

c) Aussetzung des Vollzugs nach §§ 116 ff. StPO

4. Rechtsschutz

a) Antrag auf Haftprüfung, § 117 I StPO: jederzeit

b) Haftbeschwerde gem. §§ 304 ff. StPO
⚠ Subsidiär ggü. Haftprüfung, § 117 II 1 StPO

c) Haftprüfung von Amts wegen durch OLG nach 6 Monaten U-Haft, §§ 121, 122 StPO

Zwangs- und Ermittlungsmaßnahmen (19)

IX. Vorläufige Festnahme nach § 127 u. § 127b I StPO

§ 127 I StPO	§ 127 II StPO	§ 127b I StPO
1. Befugnis: jeder (auch StA/Polizei) **2. Festnahmegrund** ▪ **Festzunehmender auf frischer Tat betroffen oder verfolgt** – „Tat“: str., ob dringender Tatverdacht reicht – „frisch“ – betroffen/verfolgt ▪ **Fluchtgefahr oder Identität nicht sofort feststellbar** **3. Verhältnismäßigkeit** (ungeschriebenes Tatbestandsmerkmal) **4. Rechtsfolge:** **Recht zur vorläufigen Festnahme** ▪ Festnahmerecht rechtfertigt leichte Körperverletzungen, Nötigungen und Freiheitsberaubungen und Drohung mit Waffeneinsatz; h.M.: Wegnahme von Sachen (Pkw-Schlüssel) zur Fluchtverhinderung erlaubt ▪ Vorläufig, § 128 StPO	**1. Befugnis: nur StA und alle Polizeibeamten** **2. Festnahmegrund** ▪ **Voraussetzungen d. Haftbefehls, §§ 112 ff. StPO** (bzw. Unterbringungsbefehl, § 126a StPO) – dringender Tatverdacht – Haftgrund – Verhältnismäßigkeit eines Haftbefehls ▪ **Gefahr im Verzug** ⇨ keine Zeit zur Einholung eines richterl. Haftbefehls (Unterbringungsbefehls) **3. Verhältnismäßigkeit** **4. Rechtsfolge:** **Recht zur vorläufigen Festnahme** ▪ Festnahmerecht rechtfertigt leichte Körperverletzungen, Nötigungen und Freiheitsberaubungen und Drohung mit Waffeneinsatz ▪ Vorläufig, § 128 StPO	**1. Befugnis: nur StA/Polizei** **2. Festnahmegrund** ▪ Beschleunigtes Verfahren, §§ 117 ff. StPO, ist wahrscheinlich ▪ und ernsthafte Befürchtung, dass der Festzunehmende der Hauptverhandlung fern bleibt **3. Verhältnismäßigkeit** **4. Rechtsfolge:** **Recht zur vorläufigen Festnahme** ▪ Festnahmerecht rechtfertigt leichte Körperverletzungen, Nötigungen und Freiheitsberaubungen und Drohung mit Waffeneinsatz ▪ Vorläufig, § 128 StPO

Zwangs- und Ermittlungsmaßnahmen (20)

X. Weitere freiheitsentziehende Maßnahmen

1. Maßnahmen zur **Identitätsfeststellung**, § 163b I, II StPO
2. Festnahme von **Störern bei Amtshandlungen**, § 164 StPO
3. Unterbringung zur **Beobachtung des Beschuldigten**, § 81 StPO
4. Anordnung der Ordnungshaft oder zwangsweisen Vorführung gegen die **nicht erschienenen Aussagepersonen**, §§ 51 I, 133, 134, 161a II, 163 III, 230 II StPO

Rechtsschutz gegen Zwangsmaßnahmen

Rechtsschutz gegen bevorstehende/andauernde/erledigte Maßnahmen

1. Bei richterlicher Anordnung

- gegen Anordnung als solche („ob") → – **Beschwerde, §§ 304 ff. StPO** (auch bei Erledigung)
- gegen Art und Weise der Durchführung („wie") → – **Antrag auf richterliche Entscheidung** nach **§ 98 II 2 StPO analog**
  ⚠ Beschwerde, § 304 StPO, nur dann, wenn Vollzugsmodalitäten ausdrücklicher Bestandteil der richterlichen Anordnung sind

2. Bei Anordnung durch StA/Polizei

- gegen Anordnung und/oder Art und Weise („ob/wie") →
  – **Antrag gemäß § 98 II 2 StPO** gegen Anordnung einer Beschlagnahme
  – **Antrag analog § 98 II 2 StPO**
  1. gegen die Durchführung
  2. bei sonstigen Maßnahmen mit Richtervorbehalt (z.B. Durchsuchung)
  3. in den Erledigungsfällen

Spezielle Rechtsbehelfe:

- **§ 101d VII 2 StPO bei verdeckten Maßnahmen**
- **§§ 117, 119 V, 119a StPO** für Entscheidungen, Maßnahmen bei U-Haft

- **Besondere Zulässigkeitsvoraussetzungen** in den Erledigungsfällen:
  - **Konkrete Wiederholungsgefahr**
  - **Rehabilitationsinteresse** – ⚠ Auch des Beschuldigten, unabhängig vom Ausgang des Strafverfahrens
  - **Tiefgreifender Grundrechtseingriff**

    Wohnungsdurchsuchung (vgl. Art. 13 GG), Durchsuchung von Redaktionsräumen (vgl. Art. 5 I 2 GG)

    ⚠ Das Gericht überprüft auch, ob die Voraussetzungen einer Eilkompetenz („Gefahr im Verzug") zum Zeitpunkt der Anordnung vorlagen (⇨ 21).

Abschluss des Ermittlungsverfahrens

1. Kein hinreichender Tatverdacht (vgl. 🗗 5)	**Einstellung gem. § 170 II StPO** ▪ Einstellungsbescheid an Anzeigeerstatter, ggf. mit Beschwerdebelehrung, § 171 StPO ▪ Einstellungsnachricht an Beschuldigten, § 170 II 2 StPO
2. Tatverdacht ausschließl. für Privatklagedelikte und kein öffentliches Strafverfolgungsinteresse	**Einstellung und Verweisung auf Privatklageweg,** §§ 374, 376 StPO
3. Hinreichender Tatverdacht, aber Beschuldigter z.Zt. **nicht verhandlungsfähig/unbekannten Aufenthalts**	**Vorläufige Einstellung gem. § 154f StPO** ▪ Fortsetzung des Verfahrens jederzeit möglich
4. Hinreichender Tatverdacht für Offizialdelikt, aber **Opportunitätsprinzip**	**Einstellung wegen Geringfügigkeit gem. §§ 153 ff. StPO, insb.:** ▪ **§ 153 StPO ohne Auflage** – Bei Vergehen + Erwartung geringer Schuld + kein öffentliches Verfolgungsinteresse ▪ **§ 153a StPO mit Auflage** – Bei Vergehen + durch Auflage zu beseitigendes Verfolgungsinteresse + kein Entgegenstehen der Schwere der Schuld
5. Hinreichender Tatverdacht in allen übrigen Fällen	**Anklageerhebung gem. § 170 I StPO** ▪ Oder Strafbefehlsantrag, § 407 StPO ▪ Oder Antrag auf Entscheidung im beschleunigten Verfahren, § 417 StPO

Verfahrensvoraussetzungen

I. Wichtige Verfahrensvoraussetzungen

- Anwendbarkeit deutschen Strafrechts, §§ 3–7 StGB
- Deutsche Gerichtsbarkeit, §§ 18–20 GVG
- Keine **Verjährung**, §§ 78 ff. StGB
- **Strafantrag, §§ 77 ff. StGB**/Ermächtigung, § 194 IV StGB/Strafverlangen, § 104a StGB
- Keine anderweitige **Rechtshängigkeit**/kein **Strafklageverbrauch** derselben Tat, Art. 103 III GG
- Keine dauernde **Verhandlungsunfähigkeit** oder **Tod** des Beschuldigten
- Keine Immunität/Indemnität des Beschuldigten, vgl. Art. 46 I, II GG
- Wirksame Anklage, § 200 StPO/wirksamer Eröffnungsbeschluss, § 203 StPO
- **Sachliche Zuständigkeit des Gerichts**, § 6 StPO
  ⚠ Besondere Präklusions- und Verweisnormen bei funktioneller und örtlicher Unzuständigkeit des Gerichts, vgl. §§ 6a, 16 StPO

II. Konsequenz eines Verfahrenshindernisses

Im Ermittlungsverfahren Einstellung, § 170 II StPO; im Zwischenverfahren Nichteröffnungsbeschluss, § 204 StPO; außerhalb der HV Einstellungsbeschluss, § 206a StPO; in der HV Einstellungsurteil, § 260 III StPO

⚠ Bei einem behebbaren Verfahrenshindernis (z.B. einer vorübergehenden Verhandlungsunfähigkeit) erfolgt eine vorläufige Verfahrenseinstellung:
- Im Ermittlungsverfahren gem. § 154f StPO
- Im Zwischen- und Hauptverfahren gem. § 205 StPO

Ablauf des Hauptverfahrens

I. Vorbereitung der Hauptverhandlung (§§ 213–225a StPO)

II. Durchführung der Hauptverhandlung (§§ 226–275 StPO)

1. Aufruf zur Sache, § 243 I 1 StPO/Anwesenheitsfeststellung, § 243 I 2 StPO
2. Zeugen- u. Sachverständigenbelehrung mit vorübergehender Entlassung aus dem Sitzungszimmer, §§ 52, 72, 243 II 1 StPO
3. Vernehmung des Angeklagten zur Person, § 243 II 2 StPO
4. Verlesung des Anklagesatzes durch den StA, § 243 III StPO
5. Mitteilung, ob Verständigungsgespräche geführt worden sind, § 243 IV 1 StPO
6. Belehrung des Angeklagten und ggf. Vernehmung zur Sache, § 243 V StPO. In besonders umfangreichen Verfahren vor dem LG oder OLG erhält der Verteidiger Gelegenheit, für den Angeklagten eine Erklärung abzugeben, § 243 V 3 StPO.
7. **Beweisaufnahme**, §§ 244 ff. StPO
8. Schlussplädoyer und Anträge des StA, des Verteidigers und des Angeklagten, § 258 I StPO
9. Letztes Wort des Angeklagten, § 258 II, III StPO
10. Geheime Beratung und Abstimmung des Gerichts, §§ 192 ff. GVG, § 263 StPO
11. Urteilsverkündung, §§ 260 I, 268 StPO (und Rechtsmittelbelehrung, § 35a StPO)

- Die **Leitung der Verhandlung** erfolgt durch den **Vorsitzenden**, § 238 I StPO.

  ⚠ Eine hiergegen gerichtete Verfahrensrüge (Revision gem. §§ 337, 338 Nr. 8 StPO) setzt grds. den rechtzeitig eingelegten besonderen Zwischenrechtsbehelf des § 238 II StPO voraus.

- Über die HV ist ein **Sitzungsprotokoll** (§§ 271–274 StPO) aufzunehmen. Die **positive und negative Beweisvermutung** des Protokolls ermöglicht in der Rechtsmittelinstanz die Nachprüfung der Gesetzmäßigkeit der HV im Hinblick auf den Gang, die wesentlichen Förmlichkeiten und die gestellten Anträge (§§ 273, 274 StPO).

  🔍 Verlesung des Anklagesatzes, Anwesenheit der in § 226 StPO genannten Beteiligten, Ausschluss der Öffentlichkeit, Belehrung über Schweigerechte, Beweis- und Ablehnungsanträge

Beweisaufnahme (1)

I. Beweisarten

1. Strengbeweis

- **Beweisverfahren nach den §§ 244–256 StPO** unter Beachtung des Unmittelbarkeits-, Mündlichkeits- und Öffentlichkeitsgrundsatzes
- Erforderlich für **Feststellungen in der HV**, die für die **Schuld- oder Straffrage** relevant sind

  Tathergang, Schuldfähigkeit
- **Ausschließliche Beweismittel: (⇨ „SABUZ")**

  1) **S**achverständige, §§ 72 ff. StPO
  2) **A**ugenschein, §§ 86 ff. StPO
  3) **B**eschuldigtenaussage, § 243 V StPO
  4) **U**rkunden, §§ 249 ff. StPO
  5) **Z**eugen, §§ 48 ff. StPO

2. Freibeweis

- Gilt für alle Beweiserhebungen **außerhalb der HV** und sonstige beweiserhebliche Tatsachen in der HV (vgl. § 251 III StPO), insbesondere **Verfahrensfragen** und Tatsachen, die zu einem Beweisverbot führen.

  Klärung der Umstände einer protokollierten Aussage (Belehrung, Zwang gem. §§ 136 I 2, 136a StPO)
- **Freie Wahl der Beweismittel; keine Bindung an die §§ 244–256 StPO**

  Schriftliche Erklärungen, dienstliche Äußerungen, telefonische Auskünfte

⚠ **Doppelrelevante Tatsachen** (= Umstände, die sowohl eine Schuld-/Straffrage als auch eine Prozessentscheidung betreffen) müssen immer im Strengbeweis festgestellt werden.

Ermittlung der Tatzeit, die auch für die Frage der Verjährung relevant ist

Beweisaufnahme (2)

II. Beweisantrag

- **Voraussetzung eines Beweisantrags** (§ 244 III 1 StPO): bestimmte Bezeichnung des Beweisthemas (der zu beweisenden Tatsache) und des konkreten Beweismittels sowie Darlegung der Konnexität

  „Ich beantrage, Herrn Egon Müller, wohnhaft Parkstr. 3 in 48145 Münster, als Zeugen zum Beweis dafür zu vernehmen, dass sich der Angeklagte am … von 12–15 Uhr in seinem Haus aufgehalten hat."

- Ist das Beweisthema und/oder -mittel nicht konkret bezeichnet, so handelt es sich um einen **Beweisermittlungsantrag**, der nur an der Amtsaufklärungspflicht, § 244 II StPO, zu messen ist und formlos abgelehnt werden kann.

  „Ich beantrage, die Kontoauszüge des Angeklagten durchsehen zu lassen."

- **Rechtsfolgen:**
  - Die **Ablehnung eines Beweisantrags** bedarf eines Gerichtsbeschlusses (§ 244 VI StPO) und darf **nur aus den Gründen der §§ 244 III–V, 245 II StPO** erfolgen.

    Unzulässigkeit (z.B. wegen § 190 S. 2 StGB), Offenkundigkeit, Wahrunterstellung, Bedeutungslosigkeit (⚠ Eine Ablehnung wegen bereits bestehender Überzeugung vom Gegenteil ist unzulässig!), Erwiesensein, Ungeeignetheit, Unerreichbarkeit des Beweismittels (ist nicht gegeben bei Möglichkeit einer audio-visuellen Vernehmung, § 247a StPO), Wahrunterstellung. Bei Verschleppungsabsicht (Verfahrensverzögerung muss bezweckt sein!) ist kein Beschluss erforderlich, § 244 VI 2 StPO.

  - Beweisanträge können auch an eine **Bedingung** geknüpft werden.

    Falls das Gericht einen Zeugen für glaubwürdig hält; falls unerwünschte Rechtsfolgen verhängt werden sollen

    ⚠ Auch zulässig als sog. **Hilfsbeweisantrag** im Rahmen des Schlussplädoyers; dieser wird – ohne Wiedereintritt in die Beweisaufnahme – im Urteil beschieden, sofern er abgelehnt wird, vgl. auch § 244 VI 3–5 StPO.

Beweisverbote (1)

➲ **Hindern die Erhebung und/oder Verwertung von Beweisen durch das Gericht (= Einschränkung der Amtsaufklärungspflicht des § 244 II StPO und des § 261 StPO).**

⚠ Beweisverbote sind auch im Ermittlungsverfahren – von der StA – zu beachten; ein Beweismittel, für das ein Verwertungsverbot in der HV bestehen würde, muss auch für die Anklageerhebung außer Betracht bleiben.

I. Beweiserhebungsverbote

➲ **Stehen bereits der Gewinnung von Beweisen entgegen (z.B. einer Aussage bei verbotenen Vernehmungsmethoden, § 136a I StPO; Ermittlungsmaßnahmen gegen Berufsgeheimnisträger, § 160a StPO).**

II. Beweisverwertungsverbote (BVV)

➲ **Schließen ermittelte Tatsachen und gewonnene Beweise von der Berücksichtigung im Urteil aus; der Verstoß begründet einen revisiblen Verfahrensfehler, wenn das Urteil auf dem Fehler „beruht" (vgl. § 337 StPO).**

⚠ Eine verfahrensfehlerhafte Beweiserhebung begründet nicht zwangsläufig ein BVV.

1. Gesetzlich normierte BVV

a) Beschuldigtenaussage bei **Anwendung verbotener Vernehmungsmethoden, § 136a III 2 StPO**

⚠ Anwendbar auch bei Zeugen/SV (§§ 69 III, 72 StPO) und für Vernehmungen durch StA/Polizei (§§ 161a I 2, 163a III 2, IV 2 StPO)

Beweisverbote (2)

II. Beweisverwertungsverbote (BVV) (Fortsetzung)

1. Gesetzlich normierte BVV (Fortsetzung)

aa) Voraussetzungen:

(1) **Vernehmung:** ➲ Jede Situation, in der der Vernehmende in amtlicher Funktion gegenübertritt und in dieser Eigenschaft Auskunft verlangt (⚡ „formeller Begriff" der Rspr.; die Lit. verzichtet z.T. auf das Merkmal des „Gegenübertretens in amtlicher Funktion").

⚠ Äußerungen außerhalb von Vernehmungen unterfallen grds. nicht dem Schutz des § 136a StPO.

🔎 Auf **Gespräche** des Beschuldigten **mit verdeckten Ermittlern, V-Leuten oder einem „agent provocateur"** ist § 136a StPO grds. nicht analog anwendbar (**Ausnahme:** Äußerungen eines Untersuchungshäftlings gegenüber einem gezielt zum Zwecke des Aushorchens auf ihn angesetzten Mithäftling!).

🔎 Die **„Hörfalle"** (= Tatverdächtiger wird auf Veranlassung der Strafverfolgungsorgane in ein mitgehörtes Gespräch mit einer Privatperson verwickelt und ohne Aufdeckung der Ermittlungsabsicht zu selbstbelastenden Angaben veranlasst) **hat keinen Vernehmungscharakter**; ein BVV kann sich nach der umstr. Rspr. jedoch aus dem Rechtsstaatsprinzip aufgrund einer umfassenden Abwägung im Einzelfall ergeben; es ist zu verneinen bei der Aufklärung von schweren Straftaten und keiner erfolgversprechenden Möglichkeit anderweitiger Ermittlungsmethoden.

(2) **Beeinträchtigungen der Willensfreiheit** durch verbotene Methoden i.S.d. **§ 136a I, II StPO**

- Misshandlung (z.B. Schläge), Ermüdung (eng auszulegen, ab ca. 30 Stunden ohne Schlaf), Quälerei (z.B. Dunkelhaft), körperliche Eingriffe
- Verabreichen von Mitteln (z.B. hemmungslösenden Medikamenten), Hypnose
- **Versprechen unzulässiger Vorteile** (z.B. Haftentlassung trotz bestehender Fluchtgefahr), **verbotener Zwang**

Beweisverbote (3)

II. Beweisverwertungsverbote (BVV) (Fortsetzung)

1. Gesetzlich normierte BVV (Fortsetzung)

- **Drohung mit unzulässigen Maßnahmen** (z.B. mit Haftbefehl, obwohl keine Haftgründe vorliegen);
  ⚠ Warnungen, Belehrungen und Hinweise sind keine „Drohungen".
- **Täuschung** (z.B. wahrheitswidriges Vorspiegeln einer erdrückenden Beweislast)
  ⚠ Der Begriff ist eng auszulegen; kriminalistische List (Fangfragen, Verschweigen von Tatsachen) und heimliches Vorgehen sind nicht verboten.

bb) Rechtsfolge: absolutes unmittelbares und mittelbares BVV

(1) **Verbot der Verlesung** des Vernehmungsprotokolls, **des richterlichen Vorhalts** und **der Vernehmung der seinerzeitigen Verhörsperson** als Zeuge vom Hörensagen

(2) **Keine Einwilligung** des Betroffenen **in die Verwertung möglich**, § 136a III StPO

(3) **Unverwertbarkeit der Aussage** auch in weiteren Verfahren **gegen Dritte**

⚠ **Fortwirkung** des Verstoßes, d.h., auch eine nachfolgende ordnungsgemäße Vernehmung ist unverwertbar, wenn **keine „qualifizierte Belehrung"** hinsichtlich der Unverwertbarkeit der ersten fehlerhaften Vernehmung erfolgt.

b) Unzulässige Erkenntnisse aus einer Überwachung, § 100d StPO

c) Getilgte/tilgungsreife Verurteilung, § 51 I BZRG

d) Daten aus dem Autobahnmauterfassungssystem, vgl. § 7 II 2 BFStrMG (Bundesfernstraßenmautgesetz)

e) Eingeschränkte BVV, betreffen Beweise, die unter bestimmten Voraussetzungen nicht verwertet werden dürfen, z.B. **§ 81c III 5 StPO**

f) Für „Zufallsfunde" aus verdeckten Ermittlungsmaßnahmen gelten die Verwertungsbeschränkungen der §§ 479 II 1, 161 III StPO (⇨ 39).

Beweisverbote (4)

II. Beweisverwertungsverbote (BVV) (Fortsetzung)

2. Von der Rspr. entwickelte BVV

Sind die Folgen einer Rechtsverletzung bei der Beweisgewinnung nicht gesetzlich normiert, so muss durch Wertung ermittelt werden, ob ein BVV anzunehmen ist.

⚠ Kriterien (nach der **„erweiterten Rechtskreistheorie“** und der **„Abwägungslehre“**)

Für ein BVV	Gegen ein BVV
▪ **Verletzte Norm dient dem Schutz des Rechtskreises des Beschuldigten**	▪ **(Vorwiegend) Rechtskreis eines Dritten betroffen**
▪ Verletzung des Kernbereichs von Grundrechten	▪ Verletzung bloßer Ordnungsvorschriften
▪ Schwerer Verstoß gegen Verhältnismäßigkeitsprinzip	▪ Aufklärung von Schwerstkriminalität
▪ Willkürliche Verletzung von Verfahrensvorschriften	▪ Beweismittel wäre rechtmäßig zu erlangen gewesen

↓

Von der Rspr. hiernach entwickelte Fallgruppen:

a) Beweisverbote mit zwingender Folge der Unverwertbarkeit

aa) Einlassung des Angeklagten, der in der HV nicht gem. **§ 243 V 1 StPO** über sein Schweigerecht belehrt wurde

bb) Zeugenaussage bei Unterlassen der Belehrung über das ZVR, § 52 III StPO (⇨ 🗗 24)

(1) **Geltungsbereich:**

⚠ Anwendbar auch bei Vernehmungen durch StA/Polizei (§§ 161a I 2, 163 VI StPO)

– **Ausnahme:** Zeuge kannte seine Rechte und hätte auch nach Belehrung ausgesagt

Beweisverbote (5)

II. Beweisverwertungsverbote (BVV) (Fortsetzung)

2. Von der Rspr. entwickelte BVV (Fortsetzung)

a) Beweisverbote mit zwingender Folge der Unverwertbarkeit (Fortsetzung)

- Auch eine falsche Belehrung (z.B. nach § 55 II StPO) und der nicht aufgeklärte Irrtum über das Angehörigenverhältnis bei formelhafter Belehrung stehen BVV nicht entgegen.
- ZVR endet mit Tod des Beschuldigten/ZV-Berechtigten und besteht für Mitbeschuldigten nur bei prozessualer Gemeinsamkeit (⇨ 🗗 24)
- **ZVR steht zur Disposition des Zeugen**, nicht des Beschuldigten (= Verzicht des Zeugen auf BVV trotz fehlender Belehrung zulässig)

(2) **Umfang:**

- **Verstoß begründet umfassendes BVV:** Verbot von Protokollverlesung, Verbot des Vorhalts und der Vernehmung der früheren Verhörsperson

  ⚠ Der Zeuge kann die Verwertung jedoch ausdrücklich oder konkludent gestatten, z.B. indem er die früheren Angaben zum Gegenstand der HV macht.
- Erstreckung des BVV auf schriftliche Unterlagen (z.B. Briefe an Beschuldigten), § 97 I Nr. 1 StPO
- Entsprechende Geltung bei Zeugenuntersuchung, vgl. § 81c III StPO (⇨ 🗗 27)

⚠ **Aber kein BVV bei Verstoß gegen die Belehrungspflicht des § 55 II StPO**, denn das AVR dient ausschließlich dem Schutz des Zeugen, nicht dem Rechtskreis des Angeklagten (str.).

Die ohne Belehrung i.S.d. § 55 II StPO erfolgte Aussage ist nur in einem späteren Verfahren gegen den Zeugen selbst unverwertbar, soweit das AVR einschlägig war.

Beweisverbote (6)

II. Beweisverwertungsverbote (BVV) (Fortsetzung)

2. Von der Rspr. entwickelte BVV (Fortsetzung)

a) Beweisverbote mit zwingender Folge der Unverwertbarkeit (Fortsetzung)

cc) Frühere Aussage bei Zeugnisverweigerung (erst) in der HV, § 252 StPO

(1) **Voraussetzung des § 252 StPO:**

(a) **Aussage** – als Zeuge oder Beschuldigter – **bei einer förmlichen Vernehmung** (⇨ 51) **oder informatorischen Befragung** vor der HV

⚠ Entsprechende Anwendung des § 252 StPO bei Äußerungen ggü. einem Sachverständigen, soweit es sich um „Zusatztatsachen" handelt (⇨ 25)

(b) **Zeugnisverweigerung** in der HV **nach § 52 StPO** (⇨ 24) oder nach §§ 53, 53a StPO (sofern schon bei der früheren Vernehmung das berufliche Schweigerecht bestand)

⚠ **§ 252 schützt nicht das AVR des § 55 StPO** (anders z.T. die Lit. ⚡).

(c) Kein manipulativer Erwerb des ZVR vor der HV

🔍 Verlöbnis/Heirat zwecks nachträglicher Erlangung eines BVV

(2) **Umfang:**

(a) § 252 StPO begründet ein **über das Verlesungsverbot hinausgehendes eingeschränktes Verwertungsverbot**

(aa) Unzulässig sind die Protokollverlesung, der Vorhalt und die Vernehmung der seinerzeitigen **nichtrichterlichen** Vernehmungsperson.

II. Beweisverwertungsverbote (BVV) (Fortsetzung)

2. Von der Rspr. entwickelte BVV (Fortsetzung)

a) Beweisverbote mit zwingender Folge der Unverwertbarkeit (Fortsetzung)

(bb) **Zulässig ist nach h.M. allein die Vernehmung eines Richters** als Zeuge vom Hörensagen, wenn

[1] der Zeuge schon in der (ermittlungs-)richterlichen Vernehmung **als Zeuge vernommen** worden ist,

[2] das **ZVR schon damals bestand**,

[3] der Zeuge seinerzeit **ordnungsgemäß** über sein Schweigerecht i.S.d. § 52 III StPO **belehrt** wurde.

⚠ Die Vernehmung des Ermittlungsrichters ist daher ausgeschlossen, wenn der Zeuge seinerzeit als Beschuldigter vernommen oder falsch bzw. unvollständig belehrt worden ist (z.B. nur nach § 55 II StPO).

(b) Der **Zeuge** – nicht der Angeklagte! – **kann die Verwertung** seiner früheren Aussage **genehmigen**, selbst wenn er in der HV unter Berufung auf § 52 StPO schweigt (nach qualifizierter Belehrung über die Folgen).

dd) Untersuchungsergebnisse des Beschuldigten i.S.d. § 81a StPO nur bei bewusster Täuschung oder unzulässigem Zwang (⇨ 🗗 26)

ee) Beweisgewinnung unter **Verletzung des § 97 StPO/Beschlagnahme von Verteidigungsunterlagen** des Beschuldigten (⇨ 🗗 20, 29)

Beweisverbote (8)

II. Beweisverwertungsverbote (BVV) (Fortsetzung)

2. Von der Rspr. entwickelte BVV (Fortsetzung)

b) BVV mit Widerspruchsvorbehalt (= „Widerspruchslösung")

➲ Fehler bei der Beweisgewinnung werden bei einem verteidigten oder vom Gericht entsprechend belehrten Angeklagten (in der Revision) nur dann berücksichtigt, **wenn der Verteidiger/Angeklagte der Verwertung in der ersten HV bis zum Zeitpunkt gem. § 257 StPO widerspricht**. **Beispiele:**

aa) Beschuldigtenaussage der ermittlungsrichterlichen Vernehmung unter **Verletzung der Belehrungspflicht des § 136 I 2 Alt. 1 StPO**, falls dem Beschuldigten sein Schweigerecht nicht aus sonstigen Gründen bekannt war

⚠ Dieser Grundsatz gilt auch für Vernehmungen durch StA/Polizei (vgl. § 163a III 2, IV 2 StPO).

– **§ 136 StPO betrifft nur „Angaben" bei „Vernehmungen"** (⇨ 53).

⚠ Keine Belehrungspflichten bei lediglich informatorischen Befragungen, selbstbelastenden Spontanäußerungen, Ermittlungen Privater, verdeckter Ermittler und V-Leute

– Ein BVV besteht auch dann, wenn der Beschuldigte die Belehrung aufgrund seines geistig-seelischen Zustands nicht verstanden hat.

– Aber kein BVV in einem Verfahren gegen Dritte.

bb) Beschuldigtenaussage unter **Verstoß gegen das Recht auf Verteidigerkonsultation, § 136 I 2 Alt. 2 StPO** (ggf. i.V.m. § 163a III 2, IV 2 StPO)

🔍 Fehlende Belehrung, Kontaktaufnahme zu einem Verteidiger wird verwehrt oder unzumutbar erschwert (z.B. durch bloße Überlassung des Branchentelefonbuchs bei einem der deutschen Sprache nicht mächtigen Beschuldigten)

Beweisverbote (9)

II. Beweisverwertungsverbote (BVV) (Fortsetzung)

2. Von der Rspr. entwickelte BVV (Fortsetzung)

b) BVV mit Widerspruchsvorbehalt (= „Widerspruchslösung") (Fortsetzung)

cc) Zeugen- und Sachverständigenaussagen bei Missachtung von Anwesenheitsrechten oder Benachrichtigungspflichten, welche die Teilnahme des Beschuldigten oder seines Verteidigers gewährleisten sollen (vgl. §§ 168c, 223, 224 StPO)

dd) Aussage eines verdeckten Ermittlers, der ohne die erforderliche Zustimmung i.S.d. § 110b I, II StPO eingesetzt worden ist (⇨ 🗗 38 ff.)

ee) Rechtswidrige Anordnung einer Durchsuchung durch StA oder Ermittlungsperson, § 105 StPO

c) Verfassungsrechtliche BVV (sog. selbstständige BVV)

➲ **Ein BVV besteht, wenn in unzulässiger Weise in Grundrechte des Beschuldigten (oder Dritter) eingegriffen wird.**

aa) Der **Schutz der Menschenwürde** aus Art. 1 I GG verbietet es, den Beschuldigten zum „bloßen Objekt" staatlichen Handelns zu machen.

⚠ Eine Ausprägung dieses Grundsatzes findet sich in § 136a StPO (⇨ 🗗 52 f.). Ein Verwertungsverbot kann auch aus dem kumulativen Einsatz diverser Observierungsmaßnahmen folgen (sog. **unzulässige „Totalüberwachung"**).

bb) Der **unantastbare Kernbereich privater Lebensgestaltung gemäß** Art. 2 I i.V.m. 1 I GG ist jeder Einwirkung der öffentlichen Gewalt entzogen (vgl. auch § 100d II, III, IV StPO).

⚠ Selbstgespräche sind stets dem Kernbereich zuzuordnen.

Beweisverbote (10)

II. Beweisverwertungsverbote (BVV) (Fortsetzung)

2. Von der Rspr. entwickelte BVV (Fortsetzung)

c) Verfassungsrechtliche BVV (Fortsetzung)

⚠ Bei **Tagebuchaufzeichnungen** des Angeklagten ist zu unterscheiden:

(1) Die Verwertung ist generell unzulässig, soweit der unantastbare Kernbereich des Grundrechts **(„Intimsphäre")** betroffen ist.

(2) Aufzeichnungen aus der **Privatsphäre** sind nur – nach einer **Abwägung** – im Sinne einer effektiven Strafrechtspflege zur Aufklärung schwerwiegender Straftaten verwertbar; Gleiches gilt bei Niederschriften mit Bezug zur Tat (z.B. Abschiedsbrief, Schilderung der Tatmotive).

(3) Aufzeichnungen, die dem **Öffentlichkeitsbereich** zuzurechnen sind, dürfen grds. verwertet werden.

d) BVV bei rechtswidriger Beweisgewinnung durch Privatpersonen

aa) Beweisvorschriften der **StPO** sind **unanwendbar**, denn diese richten sich nur an staatliche Strafverfolgungsorgane, nicht an Privatpersonen (z.B. Privatdetektiv).

bb) BVV ist generell bei menschenrechtswidriger Beweisgewinnung zu bejahen.

🔍 Privatdetektiv erzielt Geständnis des Beschuldigten durch körperliches Quälen

cc) Ansonsten ist grds. eine Güterabwägung erforderlich.

⚠ Bei staatlich veranlasster Beweisgewinnung durch Privatpersonen gelten Besonderheiten (⇨ 🗗 38 ff., 53).

Verfahrensbeendende Absprachen („Deal“) (1)

➲ **Verständigung zwischen den Verfahrensbeteiligten, insbesondere über Verfahrenseinstellung, Strafmaß und Geständnis des Angeklagten.**

I. Im Ermittlungsverfahren

Im Ermittlungsverfahren sind verfahrensbeendende Absprachen im Hinblick auf die §§ 153 ff. StPO grds. zulässig, vgl. § 160b StPO. Auch eine Verständigung über die Beantragung eines Strafbefehls zur Vermeidung einer gerichtlichen Hauptverhandlung ist üblich.

Einigung über Auflagen und Weisungen im Rahmen des § 153a I StPO, der eine Zustimmung des Beschuldigten voraussetzt.

⚠ Einigungen in diesem Verfahrensstadium haben keine rechtliche Bindungswirkung, der Verstoß kann aber als eine Verletzung des fairen Verfahrens zu einer wesentlichen Strafmilderung führen (⇨ 15).

II. Im Hauptverfahren

1. **Voraussetzungen, § 257c StPO**
   - **Vereinbarung** zwischen Gericht, StA und Angeklagten, **§ 257c III 4 StPO**
   - **Inhalt gem. § 257c II StPO:** Rechtsfolgen (Strafober- und -untergrenze, § 257c III 2 StPO), verfahrensbezogene Maßnahmen, Prozessverhalten der Beteiligten; nicht Schuldspruch, Maßregeln der Besserung und Sicherung, § 257c II 2 StPO
   - **Form:** Protokollierung der Verständigung, **§ 273 Ia StPO**

Verfahrensbeendende Absprachen („Deal“) (2)

II. Im Hauptverfahren (Fortsetzung)

2. **Rechtsfolgen**

- **§ 257c I 2 StPO:** Geständnis entbindet das Gericht nicht davon, dieses auf Glaubhaftigkeit zu überprüfen.
- **§ 257c IV StPO:** Bindungswirkung entfällt, falls Umstände übersehen oder Angeklagter sich absprachewidrig verhält.
  - Dann Verwertungsverbot bzgl. Geständnis des Angeklagten, § 257c IV 3 StPO
  - Belehrungspflicht, § 257c V StPO
- Ein etwaig erklärter **Rechtsmittelverzicht** ist **unwirksam**, **§ 302 I 2 StPO**, damit Verständigung durch das Rechtsmittelgericht überprüfbar bleibt.

⚠ Durch ungenutzten Ablauf der Rechtsmittelfrist wird aber Urteil rechtskräftig und Verständigung dann doch einer Überprüfung entzogen – daher qualifizierte Belehrung gem. § 35a S. 3 StPO erforderlich (siehe aber § 44 S. 2 StPO, der nur auf § 35a S. 1 u. 2 StPO, nicht aber auf S. 3 verweist).

Besondere Verfahrensarten und Verletztenrechte (1)

I. Strafbefehlsverfahren, §§ 407 ff. StPO

➲ Schnelles summarisches Verfahren ohne HV in einfachen Fällen; nur bei Vergehen und Entbehrlichkeit der HV, weil Sachverhalt geklärt.

⚠ Legt der Beschuldigte innerhalb von 2 Wochen Einspruch gegen den Strafbefehl ein, kommt es zur HV, § 410 StPO. Dann erleichterte Beweisaufnahme (§ 411 II 2 ⇨ § 420 StPO).

II. Beschleunigtes Verfahren, §§ 417 ff. StPO

➲ Verkürztes Verfahren zur Durchführung der HV bei einfachen Sachverhalten oder klarer Beweislage (auch bei Verbrechen möglich, allerdings mit Strafrahmengrenze von einem Jahr Freiheitsstrafe, § 419 I 2 StPO!), sofern HV erforderlich, z.B. um Höhe der Schuld aufzuklären.

⚠ Keine Anklageschrift und kein Zwischenverfahren erforderlich (§ 418 I, III StPO), erleichterte Beweisaufnahme (§ 420 StPO).

III. Privatklage, §§ 374 ff. StPO

➲ Der Verletzte kann selbst beim Strafrichter die Anklage erheben, wenn an der Strafverfolgung eines Privatklagedelikts (i.S.d. § 374 StPO) kein öffentliches Interesse besteht, § 376 StPO.

⚠ In den Fällen des § 380 I StPO ist ein Sühneversuch besondere Prozessvoraussetzung, erleichterte Einstellungsmöglichkeit bei geringer Schuld, § 383 II 1 StPO.

IV. Nebenklage, §§ 395 ff. StPO

➲ Umfassende – und von der StA unabhängige – prozessuale Beteiligungsrechte des Verletzten bei Anklage eines schwerwiegenden Delikts i.S.d. § 395 StPO.

🔍 Anwesenheits-, Antrags- und (eingeschränkte) Rechtsmittelrechte, vgl. §§ 397, 400 StPO.

Besondere Verfahrensarten und Verletztenrechte (2)

V. Adhäsionsverfahren, §§ 403 ff. StPO

➲ Anhangsverfahren, das dem Verletzten einer Straftat die Möglichkeit bietet, seine zivilrechtlichen Ansprüche, die ihm aus der Tat erwachsen sind (z.B. Schadensersatz- und Schmerzensgeldansprüche), in dem Strafverfahren gegen den angeklagten Schädiger durchzusetzen. Darüber auch Prozessvergleich möglich, § 405 StPO.

⚠ Im Jugendstrafverfahren sind insoweit die Einschränkungen der §§ 79–81 JGG (bei Heranwachsenden i.V.m. § 109 JGG) zu beachten.

VI. Sicherungsverfahren, §§ 413 ff. StPO

➲ Verfahren zur selbstständigen Anordnung von Sicherungsmaßregeln gegenüber einem schuld- oder verhandlungsunfähigen Täter.

⚠ In diesem Verfahren können ausschließlich die Maßregeln nach §§ 63, 64, 69, 69a, 70 StGB angeordnet werden, vgl. § 71 StGB.

Rechtsmittel (1)

I. Kennzeichen

- **Suspensiveffekt** ➲ Rechtsmittel hemmt den Eintritt der formellen Rechtskraft.
- **Devolutiveffekt** ➲ Rechtsmittel bringt das Verfahren zur Nachprüfung in höhere Instanz. Keine Abhilfemöglichkeit durch erkennendes Gericht.

Es gibt drei Rechtsmittel in der StPO: **Beschwerde, Berufung, Revision**.

⚠ Die Beschwerde (§§ 304 ff. StPO) hat aber grds. keinen Suspensiveffekt, vgl. § 307 I StPO und einen allenfalls eingeschränkten Devolutiveffekt (vgl. §§ 307 II, 311 III StPO).

II. Prüfungsschema

1. Berufung/Revision

Zulässigkeitsvoraussetzungen:	Berufung, §§ 312 ff. StPO	Revision, §§ 333 ff. StPO
a) Statthaftigkeit	▪ Urteile des AG, § 312 StPO (bei Kleinkriminalität: Annahmeberufung, §§ 313, 322a StPO)	▪ Urteile des AG, § 335 StPO (Sprungrevision) ▪ Urteile des LG, OLG, § 333 StPO
b) Rechtsmittelberechtigung (und keine Rücknahme/Verzicht)	▪ Beschuldigter, StA (§ 296 StPO)/Verteidiger, gesetzl. Vertreter (§§ 297, 298 StPO)/ Privat-, Nebenkläger (§§ 390, 401 StPO)	
c) Beschwer ⚠ ungeschriebene Voraussetzung	▪ Kann sich nur aus dem Tenor, nicht aus den Urteilsgründen ergeben ▪ Des Beschuldigten: bei jeder für ihn nachteiligen Entscheidung ▪ Der StA: bei jeder Rechtsverletzung (auch zugunsten des Beschuldigten!) ▪ Privat-, Nebenkläger: beschränkt auf ihre Verfahrensziele (§ 400 I StPO)	
d) Ordnungsgemäße Einlegung	▪ Adressat, Form und Frist gemäß § 314 StPO	▪ Adressat, Form und Frist gemäß § 341 StPO
e) Ordnungsgemäße Begründung	▪ Nicht erforderlich, aber möglich, § 317 StPO	▪ Adressat, Form und Frist gemäß §§ 344, 345 StPO

Rechtsmittel (2)

II. Prüfungsschema (Fortsetzung)

2. Beschwerde

- Die Beschwerde ist der **statthafte Rechtsbehelf gegen** alle **Beschlüsse und Verfügungen** des Richters/Gerichts in allen Verfahrensstadien (Prozessbeschwerde) sowie in den gesetzlich speziell normierten Fällen.

  Beschwerde gegen Durchsuchungsbeschluss; sofortige Beschwerde bei Verwerfung eines Richterablehnungsgesuchs nach § 28 II StPO

  ⚠ Wichtige **Einschränkungen** des Anwendungsbereichs der Prozessbeschwerde folgen aus den **§§ 304 III–V, 305 StPO**.

- **Beschwerdebefugt** ist jeder, der durch die Verfügung/den Beschluss eine Verletzung eigener Rechte behaupten kann, also neben dem Beschuldigten auch die StA oder Drittbetroffene.
- Die **Einlegung** der Beschwerde hat bei dem **judex a quo** schriftlich zu erfolgen, § 306 I, III StPO.
- Die Zulässigkeit der Beschwerde setzt **weder** die Einhaltung einer **Einlegungsfrist noch** eine ordnungsgemäße **Begründung** voraus.

  ⚠ Ausn.: In den gesetzlich bestimmten Fällen der **sofortigen Beschwerde** ist die Wochenfrist einzuhalten, vgl. **§ 311 StPO**.

- Eine **weitere Beschwerde** gegen die Beschwerdeentscheidung ist nur in den Ausnahmefällen des **§ 310 I StPO** statthaft.

⚠ Eine Abgrenzung der Beschwerde von den übrigen Rechtsmitteln erfolgt nach Maßgabe der §§ 305, 336 StPO.

Rechtsmittel (3)

III. Überprüfungsmaßstab

- **Berufung: neue Tatsacheninstanz** ➲ tatsächliche und rechtliche Überprüfung
- **Revision: reine Rechtsfehlerinstanz** ➲ rechtliche Überprüfung, ob das Urteil auf einer Verletzung des formellen oder materiellen Rechts beruht, vgl. § 337 StPO

  ⚠ Das „Beruhen" wird bei den absoluten Revisionsgründen des § 338 StPO unwiderleglich vermutet (str., ob denkgesetzlicher Ausschluss oder Heilung möglich).
- **Beschwerde:** tatsächliche und rechtliche Überprüfung des Beschwerdegegenstands

IV. Rechtsmittelbeschränkung (= Teilanfechtung)

Ist nach **§§ 318, 344 StPO grds. zulässig**, soweit der Anfechtungsgegenstand – losgelöst und getrennt von dem nicht angefochtenen Teil des Urteils – eine selbstständige Prüfung zulässt (sog. **Trennbarkeit**).

🔍 Bloße Strafmaßanfechtung, Beschränkung auf eine von mehreren prozessualen Taten

⚠ Eine zulässige Beschränkung führt zur Rechtskraft des nicht angefochtenen Teils; bei unzulässiger Beschränkung gilt das Urteil gemäß § 318 S. 2 StPO (analog bei Revision) als insgesamt angefochten.

V. Rechtsmittelverzicht, -rücknahme

Endgültiger Verlust der Anfechtungsmöglichkeit

- Nach **§ 302 I StPO zulässig**

  ⚠ Ein Rechtsmittelverzicht, der einer Urteilsabsprache nachfolgt, ist aber unwirksam, § 302 I 2 StPO.
- Verteidiger bedarf zu beiden ausdrücklicher Ermächtigung gem. § 302 II StPO (analog für den Verzicht).
- Rechtsmittelverzicht kann **erst nach der Urteilsverkündung wirksam** erklärt werden.
- Sind als Prozesshandlungen grds. nicht anfechtbar/widerruflich

Rechtsmittel (4)

VI. Verbot der „reformatio in peius“ (= Verschlechterungsverbot), §§ 331 I, 358 II 1 StPO

- Bei Urteilsanfechtung durch den Angeklagten oder durch die StA zu seinen Gunsten (vgl. § 296 II StPO) können Art und Höhe der **Rechtsfolgen** der Tat **nicht zu seinem Nachteil abgeändert** werden (Ausn.: Maßregeln i.S.d. §§ 331 II, 358 II 2 u. 3 StPO).

  ⚠ Dagegen ist eine Änderung des Schuldspruchs zu seinem Nachteil möglich.

- Hieraus folgt jedoch **kein Verbesserungsverbot** bei einer Anfechtung zulasten des Angeklagten, vgl. § 301 StPO.

VII. Andere (außerordentliche) Rechtsbehelfe

- Wiedereinsetzung in den vorigen Stand, §§ 44 ff. StPO bei schuldloser Versäumung einer proz. Frist
- Einspruch gegen Strafbefehl, § 410 StPO
- Vorschaltbeschwerde und Antrag auf gerichtliche Entscheidung im Klageerzwingungsverfahren, § 172 I, II StPO
- Wiederaufnahme des – rechtskräftig abgeschlossenen – Verfahrens, §§ 359 ff. StPO
- Verfassungsbeschwerde, Art. 93 I Nr. 4a GG
- Beschwerde nach Art. 34 MRK

Rechtskraft (1)

I. Formelle Rechtskraft

➲ **Unanfechtbarkeit der richterlichen Entscheidung durch ordentliche Rechtsmittel**

- **Eintritt bei Urteilen:** mit Urteilsverkündung bei letztinstanzlicher Entscheidung/mit Ablauf der Rechtsmittelfrist bei wirksamem Rechtsmittelverzicht oder -rücknahme

  ⚠ Die formelle Rechtskraft kann relativ sein.

  Rechtsmittelverzicht eines von mehreren Angeklagten; bei Teilanfechtung (⇨ 70)

- Voraussetzung für die materielle Rechtskraft und die Vollstreckung des Urteils, § 449 StPO

II. Materielle Rechtskraft

➲ **Endgültigkeit der Entscheidung bewirkt Strafklageverbrauch, Art. 103 III GG („ne bis in idem")**

- **Voraussetzungen:**
  - Entscheidung durch Sachurteil (Verurteilung, Freispruch oder endgültige Einstellung)

    ⚠ Bei ausländischen Urteilen ist Art. 54 SDÜ zu berücksichtigen.

  - Unanfechtbarkeit (s.o.)
- **Bezug:** die abgeurteilte **Tat im prozessualen Sinne**, vgl. **§§ 155, 264 StPO**

  ➲ Das gesamte Verhalten des jeweiligen Angeklagten, soweit es nach der Lebensauffassung einen einheitlichen geschichtlichen Vorgang bildet.

  ⚠ Besteht zwischen zwei Delikten materiell-rechtliche Idealkonkurrenz i.S.v. § 52 StGB, so ist grds. immer Identität der prozessualen Tat gegeben; nach § 53 StGB realiter konkurrierende Delikte unterfallen dagegen nur dann derselben prozessualen Tat, wenn nach voranstehender Definition ein einheitliches Geschehen vorliegt.

Rechtskraft (2)

II. Materielle Rechtskraft (Fortsetzung)

Stellt sich erst nach rechtskräftiger Verurteilung wegen einer Gefährdung des Straßenverkehrs (§ 315c StGB) heraus, dass der Angeklagte den Unfallort unerlaubt verlassen hatte, so erstreckt sich der Strafklageverbrauch – trotz materiell-rechtlicher Realkonkurrenz zu § 315c StGB – auch auf die Unfallflucht nach § 142 StGB, weil ein einheitlicher Lebensvorgang gegeben ist.

- **Folgen:**
  - Die Tat kann nicht erneut Gegenstand eines Strafverfahrens sein (= **Verfahrenshindernis**, vgl. 48).

    ⚠ Bei rechtskräftigen Strafbefehlen gilt dies trotz § 410 III StPO nur in Bezug auf Vergehen, vgl. § 373a StPO.
  - Aber **keine materiell-rechtliche Bindungswirkung** für andere Strafverfahren

    ⚠ In Rechtskraft erwächst nur der Tenor.
  - Die materielle Rechtskraft ist Voraussetzung für die Eintragung in das Bundeszentralregister, vgl. § 4 BZRG.
  - Durchbrechung der Rechtskraft durch außerordentliche Rechtsbehelfe (⇨ 71) möglich

    ⚠ Bei Durchbrechung infolge einer Wiedereinsetzung in den vorigen Stand lebt ein – durch den zwischenzeitlichen Eintritt der Rechtskraft – gegenstandslos gewordener Haftbefehl wieder auf, vgl. § 47 III StPO.
- **Sperrwirkung verfahrenseinstellender richterlicher Beschlüsse:**
  - **Umfassende Sperrwirkung:** formell rechtskräftige Einstellung nach § 206a StPO wegen eines nicht behebbaren Verfahrenshindernisses
  - **Sperrwirkung in Bezug auf die erneute Verfolgung der Tat als Vergehen:** (endgültige) Einstellungsbeschlüsse nach §§ 153a II, 153 II StPO; insoweit gilt § 153a I 5 StPO (direkt bzw. analog). Nach Rspr. auch bei § 154 II StPO.

Rechtskraft (3)

II. Materielle Rechtskraft (Fortsetzung)

  - **Beschlüsse, deren Sperrwirkung schon bei Vorliegen neuer Tatsachen oder Beweismittel** (sog. nova) **entfällt:** Nichteröffnung der Hauptverhandlung, §§ 204, 211 StPO; Einstellung des Jugendstrafverfahrens nach § 47 JGG, vgl. § 47 III JGG

- **Verfahrenseinstellungen durch die StA entfalten keine Sperrwirkung.**

  Einstellungen nach §§ 170 II, 153 I, 154 I StPO; § 45 I, II JGG

  Ausnahme kraft ausdrücklicher Regelung: Einstellung nach § 153a I StPO (Sperrwirkung ausschließlich im Hinblick auf Vergehen, vgl. § 153a I 5 StPO)

Strafvollstreckung/Entschädigung

Strafvollstreckung, §§ 449 ff. StPO

- Vollstreckungsbehörde ist die StA gem. § 451 StPO; in Jugendsachen aber der Jugendrichter nach § 82 I JGG.
- Zuständig für notwendig werdende gerichtliche Entscheidungen ist die Strafvollstreckungskammer am LG.
- Für die Vollstreckung von Geldstrafen verweist § 459 StPO auf die Justizbeitreibungsordnung.

Entschädigung

- Verurteilte bzw. nicht verurteilte Beschuldigte eines Strafverfahrens können bei schadensbegründenden Strafverfolgungsmaßnahmen nach Maßgabe des Gesetzes über die Entschädigung für Strafverfolgungsmaßnahmen (StrEG) einen Entschädigungsanspruch haben.
- Darüber hinaus können rechtswidrige Maßnahmen von Strafverfolgungsorganen einen Amtshaftungsanspruch der Betroffenen aus § 839 BGB i.V.m. Art. 34 GG begründen.

  Mutwillige Annahme eines hinreichenden Tatverdachts; rechtswidrige Anordnung bzw. Durchführung einer Telefonüberwachung